U0089243

古典文獻研究輯刊

三四編

潘美月・杜潔祥 主編

第47冊

散見宋金元墓誌地券輯錄三編

周 峰 著

國家圖書館出版品預行編目資料

散見宋金元墓誌地券輯錄三編／周峰 著 -- 初版 -- 新北市：
花木蘭文化事業有限公司，2022〔民 111〕
目 4+176 面；19×26 公分
（古典文獻研究輯刊 三四編；第 47 冊）
ISBN 978-986-518-902-0（精裝）
1.CST：喪葬習俗 2.CST：中國
011.08   110022689

ISBN-978-986-518-902-0

古典文獻研究輯刊
三四編　第四七冊　　　　　　ISBN：978-986-518-902-0

散見宋金元墓誌地券輯錄三編

作　　者　周峰
主　　編　潘美月、杜潔祥
總 編 輯　杜潔祥
副總編輯　楊嘉樂
編輯主任　許郁翎
編　　輯　張雅淋、潘玟靜、劉子瑄　美術編輯　陳逸婷
出　　版　花木蘭文化事業有限公司
發 行 人　高小娟
聯絡地址　235 新北市中和區中安街七二號十三樓
　　　　　電話：02-2923-1455／傳真：02-2923-1452
網　　址　http://www.huamulan.tw 信箱 service@huamulans.com
印　　刷　普羅文化出版廣告事業
初　　版　2022 年 3 月
定　　價　三四編 51 冊（精裝）台幣 130,000 元　　版權所有・請勿翻印

散見宋金元墓誌地券輯錄三編

周峰 著

作者簡介

周峰，男，漢族，1972 年生，河北省安新縣人。中國社會科學院民族學與人類學研究所研究員，歷史學博士，博士生導師。主要從事遼金史、西夏學的研究。出版《完顏亮評傳》《21 世紀遼金史論著目錄（2001 ～ 2010 年）》《西夏文〈亥年新法・第三〉譯釋與研究》《奚族史略》《遼金史論稿》《五代遼宋西夏金邊政史》《貞珉千秋——散佚遼宋金元墓誌輯 》等著作 16 部（含合著），發表論文 90 餘篇。

提　　要

　　本書為《散見宋金元墓誌地券輯錄》《散見宋金元墓誌地券輯錄二編》的續編，共收錄宋金元三代的墓誌、地券 102 種，其中宋代 80 種，金代 3 種，元代 19 種。每種墓誌地券內容包括兩部分：拓本或照片、錄文。拓本及照片絕大部分來源於網路，大部分沒有公開發表過。墓主大部分為不見經傳的普通百姓，為我們瞭解宋金元時期民眾的生活提供了第一手的寶貴資料。

目

次

凡　例

一、本書所收宋金元三代的墓誌、地券的拓本及照片絕大部分來源於網路，
　　大部分沒有公開發表過。

二、本書內容包括墓誌地券拓本或照片、墓誌地券錄文。

三、所收墓誌地券皆另行命名，以避免原題繁瑣缺名的情況。墓誌地券原題
　　皆在錄文中出現。

四、錄文采用通行繁體字，對於字庫中有的繁體字異體字徑直採用，字庫中
　　沒有的繁體字異體字則不再另行造字，徑用通行繁體字。墓誌中現在通
　　行的簡體字徑用原字。個別俗字一律改為正體。筆劃上略有增減的別字
　　一律改為正體。

五、原字不全，但能辨明者，在該字外加框。殘缺不識者，用缺字符號□代
　　替。錄文每行後用分行符號／表示換行，文尾不再用分行符號。

六、墓誌地券原來的行文格式不再保留，徑用現行文章體例。

七、墓誌地券排列順序以墓主卒葬日或刻石日前後為序。

散見宋金元墓誌地券輯錄三編

一、宋王建福墓誌　　太平興國七年（982）十一月六日

大宋故贈太子太傅王公墓誌銘并序／

正奉大夫、行尚書駕部員外郎、知制誥、上柱國、賜紫金魚袋賈黃中撰。／

《詩》曰：既明且哲，以保其身。《易》曰：積善之家，必有餘慶。若乃含貞履／素，克鐘貽厥之謀；韜光隱曜，下濟聿修之德。蕃衍貴盛，不亦宜乎。／公諱建福，字好德。季歷啓其遥源，子喬分乎仙冑。或將或相，乃武／乃文。則秦之翦，漢之陵，魏之祥，晉之導，不常厥處，代生其賢。今为／并州祁人也，曾祖諱隱，祖諱文禮。考諱稜，贈太子太保。妣劉氏，追／封莒國太夫人。公元精稟和，雅量齊物。蘊彼至道，錫乎繁祉。顯／仁藏用，闇然而愈彰；和光同塵，考之而無跡。魏萬則其族必大，陳／仲則後世莫京。翼子傳孫，遺芳餘烈。懸米之派，自積石而至龍門；／膚寸之雲，不崇朝而遍天下。故載隼旟，憑熊軾。車服棨戟，劍珮歌／鐘。顯顯列侯，贈太師，公之子曰祚。儼貂冠，被華袞。舟楫霖雨，／羹亮弼諧。堂堂賢相，贈侍中，公之孫曰溥。聯綿珪組，丹青簡冊。／歷七朝，踰四紀，享富貴，立功名。代稱王氏之門為甲者，有自来矣。／故公在于有周，贈以奉常之秩；泊我皇宋，崇以宮傅之命。／惟飾終之盛典，叶賞祖之格言。公先與追封蕭國太夫人賈／氏合葬扵汾上之故里。自頃災生大鹵，陳構實沉。車軏不通，封圻／盜據。散金莫及，漬酒難期。既属同文，遂謀改卜。爰自汾曲遷扵洛／郊，克葬未諧，侍中歸壽。嗣曾孫貽孫等虔奉先志，齊舉襄／事。即以太平興國七年十

一月六日，與侍中會葬于河南府河／南縣宣武原，禮也。崗巒縈屬，雲樹蒼茫。夜堂一局，塵事千載。至于／太師之勳績，侍中之功行，有國史，有豐碑，此略而不書。今但／陳世德之梗槩，記改卜之時日而已。銘曰：／

　　賢侯之父，相國之祖。遷自汾上，葬于洛滸。／翼子貽孫，千秋萬古。

　　傅孝恭書。

二、宋高氏地券　　端拱二年（989）十二月十三日

亡人高氏買墓田地一所，其／墓東至青龍，西至白虎，南至／朱雀，北至玄武。上至黃天，下至／黃泉。內至勾陳，四至分明。東見人東／王公，西見人西王母。書契人石／公曹，讀契人金主薄。／書契了，飛上天；讀契了，入黃泉。／歲次端拱二年己丑十二月／戊申朔十三日庚申乙時立契。

三、宋王英墓誌　咸平三年（1000）十一月二十九日

大宋故王府君墓誌銘并序 /

夫王氏者，太原郡人也。自周靈王之後，裔巨浪發，源竟疏流拵地表；/餘霞散彩，各成綺以天涯。後為上黨人也。高祖諱，曾祖諱。/府君諱英。府君心舒勇節，力盖闳謀。腹懷勤積之能，頗有 /安人之幸。爰諧中壽，獲保歸全。去開寶六年二月二日，享年六十，□/ 终于私室。夫人李氏，性和柔，德禮守，三從訓，侍兒孫，咸同 /重罍。去至道二年十一月二十五日，享年八十二，终于私室。嗣子二人：/ 長曰廷瓃，前潞城酒務；次廷遇。金相玉振，成異罍拵良時；雪 /白冰清，顯寒光拵畏日。女二人：長適趙氏；次游氏。/ 閨闈艷舜，窈窕穠華。能用禮以自防，故宜家而有譽。新婦二人：/ 長祁氏；次馮氏。娣姒邕和，塤篪合韻。固絕嘻嘻之失，咸遵嗃嗃 /之規。孫男七人：長仁吉；次仁贊；里哥，亡；王哥、定哥、陳留、六兒。/ 共同哀戚，常極孝终。每念訓育之恩，自掇曾家之範。孫女四人：/ 長留姐；次重喜；鬧姐，早亡；小姑兒。曾孫：李九、冬兒。/ 嗣子荨但以悲纏風拊，痛失採蘭。如是卜茲吉地，以奉中天。去咸平 /三年歲次庚子十一月甲戌朔二十九日壬寅，葬府西七里已來祖基，禮也。/ 其地四神俱俻，八卦咸全，以紀方猷，乃为銘曰：

懿哉王氏，偉矣芳名。/ 言開理□，動合規繩。人悲殞逝，時傳德馨。葬之良野，万古千齡。

四、宋傅二娘地券　皇祐元年（1049）七月十八日

維皇歲己丑皇祐元年七月壬 / 辰朔十八日己酉，即有撫州臨川縣積 / 善鄉上苗保歿故亡人傅二娘，行年 / 四十三歲身死。今俻錢財三千貫□，扵 / 五土冥官買得土名住舍後祖公□ / □地一穴。東止甲乙，南止丙丁，西止庚 / 辛，北 / 止壬癸。上止青天，下止黃泉。其地永□与 / 亡人為千年宅。保人張 / 堅固，李定 / 度為書文契。□□不得□ / 占，急急如律令。

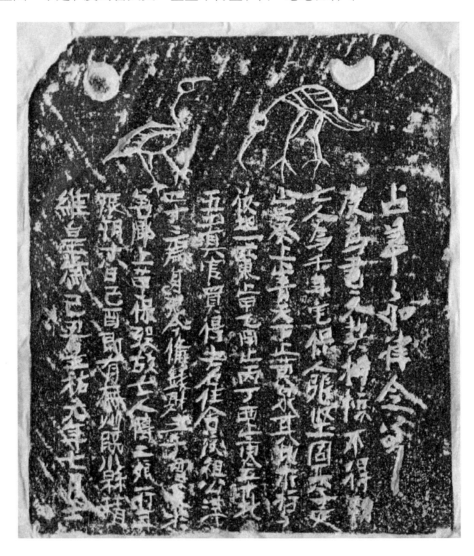

五、宋石從簡墓誌　　皇祐元年（1049）十二月一日

宋故朝奉郎、守國子博士、上騎都尉樂陵石府君墓誌銘并序 /

子壻朝奉郎、行將作監主簿廣平宋定國撰。 /

姪壻朝奉郎、守殿中丞、新差通判西京留守司、兼畿內勸農事、上騎都尉、賜緋魚袋王玽琇書并篆蓋。 /

國子博士樂陵石君從簡字易之，故太子少師之子。 / 少師諱中立。君以蔭入官，官凡八遷至博士，職不過笕庫， / 屈其才以便親也。君性柔慎廉恪，與人交有風義，不為紈 / 綺奢侈。少師所與游皆將相達官，君一紆足往干， / 必得顯處。廼曰：「彼苟可託，自為我地，吾焉能眨夏畦之病乎！」用是， / 宦不進。母夫人太原王氏晚節多疾，君日夜省醫藥深謹，飲液必嘗而後進，姻族稱其孝且仁。君兄弟四人， / 三人前歿。少師捐館，斬然在疚，獨與龜筮謀，將護枢而葬 / 故塋，哀號蕆事。一日，歐血卒於路，享年四十七。拒 / 少師之薨凡四十九日，實皇祐元年十月甲戌。嗚呼！毀不可滅，而 / 君以至意行之，廼及不幸。寧禮之所抑，非人情之至邪！不然， / 善人之報，亦有爽邪！使死而有知，則 / 君奉養地下，蓋其志也，非不幸也。夫人陳氏，先 / 君卒。三子：祖賢、祖元、祖良，並為將作監主簿。二女：長歸於定國；次 / 歸故丞相文正李公之孫外卿，今為鄭州原武令。繇 / 祖而上，爵里功狀，具 / 少師之誌，此不復書。以十二月庚申，歸葬於河南府洛陽縣宣武 / 原。小子辱 / 君之知且久，不敢虛美，得以實行銘諸埏。銘曰： /

有才當用，君為親故，屈於笕庫兮。 / 謂善必報，君廼孝仁，反殲其數兮。 / 生養其親，沒祔其塋，令問不斁兮。

玉冊官陳永昌刊。

宋故朝奉郎守國子博士上騎都尉樂陵石府君墓誌銘·并序

子增朝奉郎行指作監主簿廣平宋定國撰
程珦朝奉郎□□□□賜緋魚袋并篆蓋

國子博士樂陵石君從簡字易之故太子少師之子
少師諱中立君以蔭入官凡八遷至尚書屯田員外郎
屈其才以便親也

君性某慎廉恪與人交有風義不為統
官不進母夫人太原王氏晚節多疾君一紉足往干
必得顯處迺曰彼苟可託自為我地否為能眼夏眸之病于用是
藥甚謹諶依液必嘗而後道媪狄稱其孝且仁君日夜省醫
少師所與游皆相違官母夫人之後郁郁不樂而疾作君兄弟四人
故登泉地下蓋其志也非辛也不幸有知則少師捐館斬然在茲獨恨與龜筮謀將護柩西葬

三人前歿少師諱號歲事一日歐血卒于路享年四十七拒
少師之恩凡四十九日實皇祐元年十月甲戌嗚夸殺不可歲而
藥奢侈必得顯處妻行之迺及不幸字禮之所抑非人情之至邪不然
夫人陳氏先

君之知且久不敢催��得以實行銘曰 二女長歸於定國次
少師之誌此不復書以十二月庚申歸葬於河南府洛陽縣宣武
歸而上爵里切狀具   夫媵作監主簿
君萃三子祖賢祖元良並為將作監主簿二女長歸於定國次
故丞相文正李公之孫外御令為鄭州原武令錄

有守當用   君為親故
祖而上爵里切狀具   屈於黨庫夸
謂苦必報   友藏其數芳
少師之誌此不復書以十二月庚申 令閭不敢芳
泉小子辱

生養其親

君延李仁

没衍其塋

王丼宜陳水志丹

六、宋崔中正妻賈氏墓誌　皇祐三年（1051）三月九日

宋故虞部郎中崔府君妻襄陽賈夫人墓誌銘并序／

夫人姓賈氏，其先滄州南皮人。曾祖玭累贈太子少師，／祖黃中禮部侍郎兼秘書監，烈考守正虞部員外郎。／夫人性聰警，幼有柔婉之德。生於貴冑，能以法度自處。／十七歲，以禮歸扵崔氏。崔，大族也，內外幾百口。夫人／事上以恭謹，撫下以慈愛。色奉身率，未嘗失其歡意。／太僕與昭德君每酌酒相慶扵堂曰：「自得賈氏婦，使我／姻族益親，子孫其昌乎。」因授夫人以家事，終舅姑世，／宗門間無一語言指暴其缺者，是為難哉！明道初，／天子籍田東郊，以夫貴，疏封襄陽縣君。慶曆六年夏四／月，虞曹府君終于閬中郡。夫人提挈諸孤，扶／柩歸葬扵洛陽偃師縣義堂店祖塋之西偏。險阻數／千里，號慟未嘗絕聲，行路鄰黨無不為之慘惻焉。除／虞曹公服之明年正月二十三日，感疾卒扵新鄉縣之／里第，享年五十四。後二年三月庚申，孤衎、衍泣奉／惟櫬祔扵先府君之墓室，时皇祐辛夘歲也。男子三／人：長曰稱，鳳翔府司理糸軍，先七年而亡；衎，太廟齋郎；／衍，未仕。女子二人：長適王氏；次為尼。孫二人：仲孫，三班／奉職；妹矩，年四歲。將葬，衎、衍来乞銘，壻王觀為之銘曰：／

邑也榮其生，祔也歸其真。／固之安之，以昌其嗣人。

宋故慶部郎中崔府君妻襄陽賈夫人墓誌銘并序
夫人姓賈氏其先滄州南皮人曾祖批累贈太子少師
祖崗中禮部侍郎考守正嘉部員外郎
夫人性聰警幼有柔婉之德生於貴胄郡以法度自憂
十七歲以禮歸於崔大族也内外惠百口失其戴意夫
太僕以昭德君每酌酒相慶於堂曰自得賈氏婦使成
事以宗事終易姑世
人從宗事終易姑世
天子藉田東郊其昌平回授襄防縣君以貴踈封襄
宗門間無一語言踈封者是為難武明逵初
烔族益親若孫若閭中邓夫人授摯諸孤扶
月餘慮曹府君終于闠中邓祖塋之西備除阻恒表
極歸葬於洛稡嶇師義堂店之祖塋新鄉術行泣奉
震曹公服之明年正月二十三日咸曹終新鄉術行泣奉
千里號慟惻未嘗起居惟行路鄉黨無不為之
里第享年五十有二後二年三月庚申歲申城術行泣奉
惟槻衹於先府君之墓室時皇祐辛卯歲也男子三
人長曰稱鳳翔府迷軍先七年丙亡行大扁鄜郡
行未仕女子二人長適王氏次為尼孫二人仲孫三班
奉職弁柜年四歲將葬術行衣乞銘婿王觀為之銘曰
固之安之。   以昌其嗣人

七、宋王五娘地券　皇祐四年（1052）十二月二日

維太歲壬辰皇祐四年十二月壬申朔初二癸酉，／謹有大宋國江南西道属洪州豐城縣富城／鄉長慶里同造村西坊保歿妷王人王五娘，行年／七十七歲。天壽將終，命歸泉府。今用香酒銀／錢於宅東去地名新塘保吳一坑，就五土冥王及開皇地主邊買得南离山／乹亥向地一穴。東止甲乙，南止丙丁，西止庚辛，／北止壬癸，中央戊己。為塚宅。其地應有金／銀珠玉，盡係亡人所管。其外神祇，不得爭／占。所有亡靈，並是亡人眷属。散外神鬼，不／得妄相呵責者。謹具地券如前。／

見人張堅固，／保人李定度，／書人天官道士。／

章公夫人王氏生子三人：長曰承諒；次曰／承諫；次曰建夤。男女孫二十人。公前夫／人亡二十五年，祖宅上□。承諒兄弟皆事業／家，此墳宅是諒、諫預謀，庶建夤刊／立。

八、宋王仲芳墓誌　皇祐五年（1053）八月二十四日

額正書三行：王府 / 君墓 / 誌銘

大宋并州榆□□王府君墓誌銘并序 /
□□郎、守祕書丞、□差通判晉州軍州、兼管內勸農事、僭緋𦊆膺撰。/
王氏居太原□□至五代，世為著姓，惟府君高尚不仕。太平興國四年，太宗平晉，遷 / 其人於京輔。府君暨余大父偕占籍曹南，後詔還新榆次以保之，府君遂居焉。淳化 / 四年，秊六十，疾終於家，□孫耳目接其事，故得以書。府君諱仲芳，太原人，生於東城。長 / 而有識，曉時務，始□□□數於鄉先生胡公數秊，究極其藝。公益噐重，以其子妻之。生二男：/ 長曰仁㔻；次曰仁人。□孝悌克家，而不使致富。眾疑之，復勸以藝進。府君語曰：「邦危眾 / 離，王師荐至，遁□不暇，忍自係耶。」故城降之日，名者韲，利者鑡，惟府君脫然無累。君 / 子謂之知幾。暨行□遷所，命給田以口分法。府君率其子事耕嫁，勤以治生。中間或誘 / 私以還鄉者，人多□□說。獨府君止之，謂：「今天下大同，此亦王土，然懷之去□須命。」未 / 幾，果有聽還之詔，其□□時有如此者。居榆次歲饑，民有為盜者。府君知之，因盡出所蓄 / 財以貸。由是盜反衛□□明年，償者如市，較其利數倍。家遂肥，鄉人于今稱之。居常話五 / 代事，自朙宗而下，歷歷□忘，皆知所以盛衰之卒，以戒其家人。旣卒，子孫欨葬□先塋，兵 / 火堙毀，尋之不知其所□是以緩。仁㔻、仁人暨夫人胡氏繼亡。孫五人：長曰緯，舉進士不 / 第；次惟簡，會西鄙用兵，請□家財助邊，朝廷可之，授試將作監主簿；惟德，太常寺奉禮 / 郎；惟幾，試將作監主簿；惟□，治產業。緯、惟幾卒。曾孫八人。玄孫一人。咸奉府君之靈，以 / 皇祐五年八月二十四日葬□三徙鄉郭，徙里之西原，舉胡氏喪祔，從吉卜也。二子之穴 / 又次焉。銘曰：/

嗚呼府君，代為晉人。遁世不仕，知幾若神。寧家教子，揔藝存身。/ 財冨以義，盜懷其仁。□危時態，生死天真。慶餘於後，子孫振振。

九、宋韓愷墓誌　嘉祐七年（1062）十一月二十九日

韓愷墓誌銘并序 /

叔祖開府儀同三司、行刑部尚書、同中書 / 門下平章事、昭文館大學士、監修國史、 / 上柱國、儀國公琦撰并書。 /

愷字和仲，余姪殿中丞公彥之次子，母仁壽縣 / 君張氏。愷天性孝謹，幼識禮義，讀書彊記而善 / 屬文。嘉祐三年秋，方應進士舉，而兄確物故。是 / 冬，其父病，愷躬進藥劑，晝夜侍側，不解帶者數 / 月。及父之亡也，哀毀過甚，不能自抑。既而感疾， / 遂不可治。五季四月二十二日卒，時季二十。嗚！ / 愷之所稟，可謂粹美矣。使天稍畀以年，則其治 / 家也，有不順而睦乎。其得仕也，有不忠而幹乎。 / 奈何乎，吾家之不幸而賦命之短也。七季十一月二十九日，因余妻安國夫人崔氏之葬，乃於 / 相州安陽縣新安村先塋東百步之近，得地 / 吉，用丙穴以葬愷。銘曰： /

秀而不實，夫子之嗟。 / 哀哉愷兮，遽如是邪！

十、宋廉讓墓誌　治平四年（1067）四月八日

額正書三行：鉅宋故／廉府君／墓誌銘

宋故河東廉府君墓誌銘并序／

進士崔程撰。／

府君諱讓，字益柔，其先潞城人也。曾大父諱純，大父諱／準，父諱儒，皆以耕嫁為事，因籍為郡吏，遂徙家居上黨／焉。公少而有心，力能幹家事，兒古氣直，為時人所異。／大率治家訓子，至於婚姻、享祭之禮，悉尚純約。里中雖／大豪巨室，皆慕而法焉。及老，幹家之暇，頗好誦佛書，不／飲酒，不茹葷。以至忘情性，遺形骸，而無有懈倦。人視之／以為難，而公獨以為易，斯亦出於誠好而然也。嘉祐六／年六月六日，終於家，享年七十有四。娶王氏。生男一人，／曰繼誠，承家幹蠱，益有令譽。治平四年三月二十六日，／以夫人王氏卒，孤繼誠遂擇是年四月八日乙夘，葬於／郡城之西崇仁里，夫人附焉，禮也。女一人，適潘鎬，早亡。／孫男二人：長曰宗慶；次曰宗懿。孫女四人：長適賈賓，早／亡；次適蔡宣；次適郭銓；次適柳行起。重孫一人，曰順喜，／尚幻。噫！公可謂有後矣。銘曰：／

嗚呼廉公，生而謹厚。家積餘貲，身安永壽。／葬不踰月，靈將降祐。令子令孫，承承于後。／

汾陽郭元通書，趙遂填諱，／隴西李昭素刻石。

十一、宋孫氏墓誌　治平二年（1065）十一月二十九日

宋故夫人孫氏墓誌銘／

姪新授泗州軍事推官、將仕郎、試秘書省校書郎、權保信軍節度推官彭汝礪撰。／

治平二年七月庚申，汝礪叔素之夫人孫氏卒，十有一月乙酉，葬於鄱陽／義犬鄉花林之岡。汝礪將為銘辭，尚恐有所未既。因乞言諸母，以求夫人／之始終。諸母號泣且言：「夫人為彭氏婦幾三十年，其意愛之周，顏色之溫，／如一日也。其初為婦時，吾翁之性嚴而姑姪性慈。夫人以順奉嚴，以勤相／慈，故皆得其懽心。平居恂恂，若不能自言。將有所治，必請于姑曰：『是／宜／何如？』已，又問其次曰：『是如是，誠是耶？』其於人雖微賤也，而愛／之盡其仁；其於／事雖灑掃也，而臨之極其恭；其居富也，雖金珠而未嘗以／為有餘；其處約／也，雖藜藿而未嘗以為不足。有倨傲罵己者，置之不以為／言，已亦無宿憾／也。今諸子爽爽俱明雋可愛，而汝弼之學亦有次第。一日／謝去不視，是真／不幸哉！汝將有銘，宜備言以告之族人。」汝礪竊悲夫人／淑德，有子而不得／終見其成。又念古人之治，未嘗不出扵家。及世衰道微，／而婦德無聞扵天／下矣。故材則流扵很，柔則入扵庸懦。如夫人之為善而敏，／溫而有立，亦可／以無媿也，故書之。夫人之死，年四十有九矣。子男四人：／曰汝賢、汝能、汝言；／其長，汝弼也。女二人：長適進士蔡佚；次切，未／嫁。銘曰：／

德也惟良，而命不然。其澤无窮，有子之賢。泣涕作銘，以永其傳。

宋故夫人孫氏墓誌銘

姪新授泗州軍事推官將仕郎試秘書省校書郎權保信軍節度推官彭汝礪撰

治平二年七月庚申汝礪將為銘辭尚恐有所未既因乞言諸母以求夫人
之始終諸母號泣且言夫人為彭氏婦幾三十年其意愛之周顏色之溫
如一日也其初為婦時夫人以順奉嚴以勤相
慈故皆得其懽心平居恂恂若不能自言雖微賤也而愛之盡其仁其於
如己又問其次曰是誠耶其居富也雖金珠而未嘗以為有餘處約
事雖藜藿而未嘗以為不足有倨傲詈己者置之不以為言已亦無宿憾
也雖諸子奥婢僮可愛而次第一曰謝去不視是真
也今諸子奥婢俱明儁可愛而汝礪之學亦有次第一曰汝賢汝能汝言
不幸哉汝將有銘宜備言以告之族人汝竊悲夫人之為善而敏溫而有
終見其成材則流於很柔則入於夫人之為善而敏溫而有立亦可
下矣故材則流於很柔則入於夫人之死年四十有九矣子男四人曰
以無愧也女二人長適進士蔡佖次幼未嫁銘曰汝賢汝能汝言
其長汝弼也惟良而命不然其澤无窮有孕之賢泣涕詮銘以永其傳

十二、宋穆嵩墓誌　熙寧四年（1071）十一月二十一日

額隸書四行：宋故吐／渾指揮／使穆公／墓誌銘

宋故雄勇忠果功臣、提舉澤潞等州軍兵馬司、就糧吐渾直指揮使、銀青光禄大夫、撿校／散騎常侍、兼監察御史、雲騎尉、贊皇郡開國侯、食邑一千一百户穆公墓誌銘并序／

公諱嵩，字德基，其祖北狄別聚之酋長也。雍熙中率其眾夜亡外夷而悉降中國，天子／嘉其歸慕至仁，詔許家於太原盂縣之郊。賜以美田，口受十畝，繇役一切皆復。餘眾徙之／上黨，分置吐渾、安慶四軍。公之父籍於安慶軍中，少以射藝自進，官至安慶副指揮使。／公體貌魁梧，忠厚剛毅有大節，嘗謂：「吾家世世以才武相高，雖未能將百萬眾，卻敵先登，／斬首捕虜，取爵邑之貴。當紹祖父之風，而不墜家聲，誠男子之志也。」年十七，名聯武帳，／力能彎弓。天聖五年，試引強入等，補左押衙官。公性恭謹清素，既任將校，確然以軍政自持。／其所職一無□□之黜，累有積勞之升。至嘉祐六年，遷為吐渾指揮使。所統被甲之士，未／踰一旅而如帥萬人。簿明令，一軍容，士氣厲而不懾。或使之摧銳，挫堅敵，往必成功，易／於反掌。惜其遭世承平，邊隅釋警，寂無鳴鏑之虞。抑勇懷機，展効無地。若李廣不侯，皆時／命之會也。晚節頗奉佛法，意非蘄福，欲□藏之貨有以散之。公弟一人，曰臻。女弟二人：／一嫁曹仲；一嫁朱從吉。公以初娶康氏早世，□擇里中寡婦著賢淑之聲者，得閻氏而／再娶之。始嫁令狐從善，生二女：長適侯士恭；次在室。公自以歲高無嗣，賴此女幸／獲佳壻，一身存殁，皆足倚之，因妻武舉進士王知和。知和明智辯談，過人遠甚。善弓馬，曉／兵法，尤長於孫吳之學。其輕財重義，亦天性也。公以熙寧四年冬十月戊寅，終於吐渾／之官舍，享壽七十有三。其年十一月壬寅，葬於潞郊之西太平鄉崇仁里先塋之次，祔／以康氏。公之壻曰知和者，當侍公之疾也，不解憂心；洎營公之葬也，備盡勤力。原／其至誠所發，庶幾君子之所為乎。由公精識求壻，得人果符先見。一存一殁，靡不賴其／力焉。知和從學於予，懇以誌文見託。義不可辭，因為銘曰：／

文儒之榮兮，賤起布衣而貴登相位。武士之達兮，卑自卒伍而尊為軍帥。／文儒武士兮，位有所極而功成惟志。有志之士兮，何法焉存穆公之能事。／天道難量兮，積善之深而偶無嫡嗣。人心先見兮，得壻之賢而踰於已

子。／壻能謀葬兮，豈止完厚其棺衾而已。實德永傳兮，鏤之翠瑉而有銘有誌。／

府學進士弓獲書丹，府學進士郭樞題額，任道寧刻字。

十三、宋江注墓誌　熙寧八年（1075）正月二十七日

宋故承奉郎、守祕書丞、知江州湖口縣事兼兵馬都監江君墓誌銘 /

朝散大夫、守祕書監致仕、開國男、賜紫金魚袋李光撰。 /

朝奉郎、尚書都官郎中、新差知歸州軍州、兼管內勸農事、騎都尉、賜緋魚袋借紫李觀書丹。 /

朝奉郎、尚書屯田負外郎、騎都尉、借緋余仲筍篆蓋。 /

君諱注，字德長，姓江氏。晉永嘉渡江，世居金陵。李氏尅國，避地盧陵，因家焉。君性稟聰悟寬厚，而有大 / 志。君少時愧以生事自業，嘗力學，作為文章。逾冠，應書遂薦于州，固已得名於時矣。然其踐場屋，累 / 上吏計，而四十始第。鄉閭所稱者，或優其術業，或高其操行。若時之輩，學與夫後進之所表望而相從者， / 率以此。慶曆中，余襄公以罪貶吉州，於君有知名之雅。下車未幾，遽俾二子授室於君，至若朝夕延 / 就。辭行相欽者，每歎際見為晚矣。閒嘗謂君曰：「昔雒陽吳公因賈誼而名附史傳，子於君亦有望於 / 他日矣。」其稱服如此。後襄公復以仇黨訐斥，再貶歸韶，公實韶人也，地扼嶺表，炎瘴之阻。當其攄憤懣歸 / 田里，若昔之奔趨競驚，有願出其門而不得者。苟不欲以勢去，則寡矣。君於此時，乃能閒關千里，以伸 / 久要願見之請。襄公於其歸，乃序詩為送，而援以「大將軍失律，單于時在削逐，而門下客多往事驃騎， / 獨任安不去」為說。蓋其言有慕於君又如此。夫襄公之於君，既以賈誼得名於後世為可慕，而又以 / 任安知義於當日為可尚。則君之為人不特以才見高於世，而能不以富貴貧賤勢力隨為離合者，是 / 亦大賢人之所為也。皇祐五年中乙科，初筮洪州豐城簿。時州之尨獄掾不克治士，天閣仲公辟以易任。 / 有在仕者以鹽販被告就劾，君折獄按罪，議在常原之期。當位者務深抵之，乃以君不欲輒枉為嫌， / 遽移劾他曹，暨以成。奏上，按覆大理，卒如所議。故以能見薦者三人且以才，君用獄之恕而勇，君執 / 法之堅也固。嘗有稱曰：「可謂柔而有立者矣。」秩滿，移荊南府石首令。君之至是邑也，政寬而能愛，刑簡 / 而不苛。案無叢委，獄無留繫，時有目其邑曰「石首道院」。復用薦，改著作佐郎，擬授洪之新建。未幾，丁先 / 廷評之憂。服除，還臺，授澤州簽書判官事。君之贊畫郡幕，為守者多所推畀。澤於河東為支郡，地控 / 西北，尤為邊徼襟帶之扼。熙寧四年春，人丞相興師夏國，而河東實當一路策應。若荒堆三泉之役， / 皆調發倉卒。時觀文呂公

帥并門，檄移以都大提舉入界。君聞命痛馳，勇於即事。既至，觀文呂公／以其才謂宜任以籌幄，不可使親矢石。遂留府，以攝陽曲事。若經略大計，多所糸與。是秋，遷祕書丞，得代，／乃調杭州之富陽。有同籍著佐朱君者，擬邑江州之湖口。以家毗陵，去富陽為便親，乃易其任。君然／其請，遂改授焉。昔唐柳子厚於劉夢得嘗以柳易播，而韓吏部盛稱，以誌於其死，蓋多其節義故也。若／君所為，亦不少貶於是矣。君之至湖上也，宿姦弊蠹不旬日而理。會朝廷新法未繩，時以疾篤，尚能／以垂閉之口竭節効智，亦無負矣。其居官得禄，苟足以活妻子，則又推以給親族之不逮者。盡事之際，其／子忠復適以策試。集英登第，歸慶庭下，而乃能扶羸以告曰：「吾之有家，所知者清白而已。至於後日／之謀，非所與也。今有繼矣，雖瞑目何恨。」故其生無羨俸而死餘令名，官無大位而禄有世慶，此其可書也／歟！君生平所著辭賦歌詩文論率五百篇，《離為》十卷、《緘啓》三卷、《高都唱和詩》二卷、《春秋世系錄》十卷、《易／纂》五卷，皆藏于家。享年六十，卒于江州湖口官舍正寢，實熙寧六年仲夏之甲子也。歸葬于州之吉水縣／中鵠鄉青原祖慶岡，實八年孟春之庚申也。江氏之先，於詩書為無傳，於春秋為小國。革於晉，以忠孝顯，／今十五世也。曾祖郖，祖玗，皆不仕。父曄，追贈大理評事。母謝氏，追封旌德縣太君。娶曾氏，叙封長壽縣君。／其貴皆以君，辛亥季秋之恩需也。生子二人：忠獻，力學未第；忠復，同學究出身。女一人，早世。繼育／其季之女，猶己出也，適同郡鄉貢進士楊成裕。孫男五人：汝直、汝敦、汝平、汝功、汝能，皆業進士。孫女四人，尚／幼。銘曰：／

寬柔惠直性之德，端廉勤慎身之行。充在己為善學，蒞于官為能政。名於時則達，／位於才則虧。慶於後則有，數於命則違。今其已矣，用寔諸辭。

十四、宋張庚墓誌　熙寧八年（1075）四月二十四日

宋故尚書屯田貟外郎張君墓誌銘并序 /

君諱庚，字大素。少自砥礪讀書，究治亂安危之意。故舉以文學稱，而選以政事顯。中天聖五年進士，得安利軍 / 判官。丁考妣憂，不赴。服除，李文定公守孟州，錢文僖公留守西京，辟為其佐，不聽，權邠州觀察推官，轉運使舉 / 監河中府白家鹽場，以最改大理寺丞。樞密直學士張逸守成都，乞君以助，除簽書節度判官。歲無雨，君請堰 / 皂江，為督其役，灌田數千頃，而人不苦旱。守以聞，上賜書獎諭，擢通判鳳翔府。史王從政，縱侵府事，民患 / 之久。君至，數其罪竄之，人以悅服。元昊反，自陝以西争修城壁，設樓櫓。府吏既以此得賞，又築西關城七里，西 / 關無可保而役費甚。君歎曰：「勞人而利賞，吾可不與邪。」將舉事而君奏罷之，人愈以德君。元昊入鄜延界，宿兵 / 多而儲偫匱，詔君乘馹調發。君能稱緩急之宜而軍用集，除陝西轉運判官。仁宗召問邊事，稱旨，賜 / 五品服，給以裝錢。謂中書曰：「張某材可用。」君平生敢為，而一日遭人主知己，尤激卬無所不勉。開屯田，築 / 籠竿城，為軍運東西蜀餘錢饋邊，悉出君畫。又言：「臣所部四路，惟涇原二州地平，羌出入便。而山外人與蕃漢 / 雜，其蓄積冨，賊必抄掠，宜增兵選將以戒。」已而，元昊果攻涇原，葛懷敏覆軍於定川，元昊遂取瓦亭歸。將入渭 / 州，而州以老弱千人乘城。經略使王沿戰怖，請君間道馳至秦州，得兵六千人。兵朝入而元昊夕薄城下，賴以 / 不驚。於是詔君與將帥謀所以勝後之略，令乘馹歸奏。沿為御史時，嘗以事彈壓樞密使。於是，樞密欲中沿 / 以危法，白上曰：「懷敏之敗，以沿不為之救，」間以利動君，使對上如其指，君不應。既對，仁宗果問 / 王沿狀，君曰：「懷敏盡將渭兵以出，沿特保空城爾。」仁宗意悟，沿猶坐黜，而議者多君不可撓。久之，召為開 / 封府推官。以湖南蠻擾邊，選君體量安撫兼提舉捉殺蠻事，坐與中書議不和，罷知虢州。虢盜依山為巢穴，君 / 捕其首磔之，遂無犯者。徙華州，興學校，躬以時教諸生，人敏於業。徙提點淮南刑獄公事，虹縣大姓韋士元殺 / 人而誣其僕，又賕吏笞箠僕，使屈服。君一閱，具發其姦。舒之石牌灣水悍，而其下盡石，歲敗百餘舟。貴池令許 / 沂議醻北河以避，而冨人陳氏懼廢其魚池，陰使人為道地，故格其議。君為條利害以聞，朝廷聽之而行 / 者無患。徙河北懷州，民擅立祠廟，傾一州事之，守率其屬以謁，君燋使廢之。又言衛州人張舍五世以

義聞鄉／里，賜以旌表。君於舉劾必盡人之善否，而加禮賢者，故尤有治聲。召為三司戶部判官。王則叛貝州，朝廷／出兵以討。仁宗一日召君問其事，君曰：「臣無狀，願以身弃中野，取一日之報於上久亦，惟陛下／使之。」仁宗諭中書令張某行大臣曰：「張某前奉使，不能豫察，今日之變，不可遣。」而鄭驤以河北轉運與君／同時奉使，於是獨遣驤。而君數日坐貝事，謫通判袁州。君泊然如未嘗謫，而事無巨細，為之究心。歲餘，徙知光／州，道得疾，以皇祐元年六月十七日卒於和州，春秋五十一。君聰明臨事，它人若憊不勝者，而君閒暇如平時。／薄於財利，得祿閒以賙媚舊之乏。而既卒，則無以衣食其孥。翰林學士承旨王堯臣、侍御史知雜事何郯上書，／乞録其後以勸天下之廉吏，不報。而君子雲卿歸居西京，實能學問以節，行不苟合。留守數薦其賢於／朝廷。熙寧八年四月乙酉，葬君于河南府河南縣杜澤原，而雲卿謀所以顯君於不泯者，乃來京師乞余作銘。／余為序其世曰：張氏出皇帝之後，而三代之際，唯張仲見稱於周。晉老趙孟浸聞於人，而開又見於韓。相韓五／世，而良以道為漢之佐。自是，不絕為顯姓。君家滄州之東光縣，曾大父公霸不仕。大父虬以五代之亂，辟地于／蜀，仕至州縣佐。從孟氏歸宋，令寶應、獲嘉二縣，有治行，民愛之。父祐嘗舉進士，不中，遂不復出。以君贈大／理寺丞，而封君母賈氏為長沙縣太君。娶王氏，封萬年縣君。子四人：男曰雲卿；曰雲逵。雲逵與二女早卒。君自／大理寺丞四遷至尚書屯田員外郎，散官至朝奉郎，而勳至騎都尉。銘曰：／

君潛里閭氣巙岏，核古成敗出緒端。挾藝得科敏厥官，斷然挺身踐危難。／逆測羌變俯仰間，驚取功閥猶阪丸。始誰予之助翔騫，忽鍛羽翩中洌桓。／我適其逢人莫扳，肆彼利誘恬無訾。鑴辭幽堂不漫漶，虧於一時萬世完。／

張琇刻。

十五、宋趙氏三代墓誌銘　熙寧八年（1075）十月九日

宋故天水趙君墓誌銘／

窺然太極瞑曚，二儀啓於圓蓋。日月初昭，次分／朝夕。韶光復逝，四敘循鐶。瞻上清始元，道德如／歸。三才旣偹，人倫生死，事之常也。／

君高祖諱安，宗祖諱守信，先祖諱宗，／家世相承，潞之上黨人也。營自為古後，有重孫／去郝家莊，以歸農業。高祖娶段氏，生一男，守信。／娶宋氏，生孫男四人，女一人。長曰宗；次曰昌忠；／曰用；少曰立。其子四人亡。女，孔郎婦。長曰宗，娶／氏，生重孫男一人，文坦。娶牛氏，生玄孫男二／人：長曰慶，娶崔氏；次曰吉，娶武氏。玄孫女，許郎／婦。的孫兒：翁喜、張住。的孫女蕐姐。／

姑姪孝養之心義，同葬禮三祖。於熙寧八年歲／次乙夘十月己丑朔九日丁酉，去村北二里巳地內，□宮安至也。銘曰：／

人之為農，惰業而□。君之為農，／樸力而勸。人之為子，傾產而窮。／君之為子，成家而豐，惟忠惟孝。

十六、宋楊智墓誌　　元豐二年（1079）正月十五日

大宋故弘農楊君墓誌銘 /

廣文館進士張權撰，男覺民書并篆。 /

君諱智，潞州上黨里中人，世爲大族。君姿狀 / 豐偉，器度寬敏。喜事商販，貲貨稍完。至和三 / 年中，旅次于平原，時遘疫癘，卒於邸舍。襯异 / 以歸，享年四十有五。君娶王氏，治家敦肅，持 / 性專正。君没，誓無再適。有女一人，納襄垣令孫王珏爲壻，內外幹蠱，少無廢闕。王氏以薄 / 產詣公，遺付焉。女楊氏，年二十九而卒。繼室以趙氏，奉養有序。元豐元年十月八日，王氏 / 遇疾而終，享壽六十七歲。其壻王珏諦從義 / 訓，過有親愛。乃竭力辦具，葬之以禮。於府之 / 西南陽步管擇吉地以安塋域，元豐二年正 / 月十有五日丙時掩隧。恐其湮淪，爲之銘曰： /

彰行彰福，惟善惟良。 / 身後無恤，事先得常。 / 異姓同室，於家有光。 / 生不失養，終焉允臧。

任宗慶刻字。

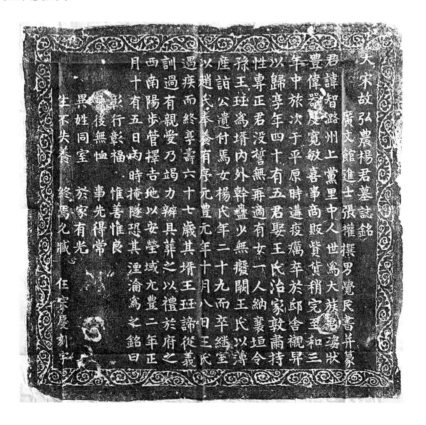

十七、宋李質墓誌　元豐三年（1080）十一月八日

額正書三行：宋故隴／西郡李／君墓銘

宋故江夏李府君墓誌銘／

鄉貢進士嚴固撰，王文諒書，任宗慶刊。／

古者聖王域民，築城郭以居之，制廬井以均之，開市肆以通／之，設庠序以教之。士農工商，四人有業。學以居位曰士，闢土／值谷曰農，作巧成器曰工，通財鬻貨曰商。名雖不同，其為道／則一也。士不習仁義，農不勤播種，工不精械器，商不通貨財，謂／之失職之祇。君諱質，世為潞州上黨八諫鄉司馬人也。祖以／上失其諱，父思，俱以農為業。君幼而沈厚，壯而彊毅。順天之／時，分地之利。以身則謹，以用則節。孝於親，勤於家，和於鄉，信／於人。有恩者必酬，有義者必報。不幸其生與歿，在於鄙野之／間，而不在於都城之中。故其行不聞於人，惜大。君於熙寧三／年十二月初四日疾卒於家之寢室，享年六十有七。娶周氏，／先君二年而亡。男三人：曰展，娶郭氏，皆卒；曰簡，娶段氏；曰諒，／娶王氏，卒，再娶王氏。曰簡能承父志，幹家之蠱，克當大事者，其惟簡乎。／從日者筮，得元豐三年十一月己丑朔初八日丙／申，葬於五龍鄉內董里先塋之東北，夫人周氏祔焉。孫男六／人：曰福，娶賈氏；曰進，娶王氏；曰準，娶趙氏；再興、朵見、閏則。孫女／一人，陳郎婦。曾孫男楊留，曾孫女換住、婆息。嗚呼！欲知君之／餘慶，觀其子孫之盛可也。乃為之銘曰：／

蘭生深林，雖幽必芳。人之為善，雖闇必藏。君之行，／生而不彰。君之名，歿而□揚。刻文埋深，永其不亡。

宋故隴
西郡李
君墓銘

宋故江夏李府君墓誌銘

鄉貢進士嚴固撰

王文諒書　任宗慶刊

古者聖王域民築城郭以居之，制盧井以通
之，設庠序之教之，士農工商四民有業，學父居，
穀曰農，作巧成器曰工，通財鬻貨曰商，而名雖不同，其為道
一也，士不習仁義，農不勤稼穡，工不通械器，商不通貨財，則謂
之失職。其諱父思，但之，農為業，君幼而沈厚，世而彊毅殺之
上失其職之誅……君諱賀世，溜州上黨諫鄉司馬人也，祖謂
……則……而前李於親勤於家和於鄉信
時人分有思之者……其行不阿於人惜大殺在於鄙野之
……於都城之利必酬則……中義謹之用君節……
間而人不在思而亡……其家之寢室皆卒日簡克當六大事者……
年十二年初四日三……展聚郭氏志幹享年六十有七，聘……
先君……簡……男……人曰……久諱曾娶……父諫……
其惟惟簡放五龍從……曰進聚男楊曾孫女楪……住婆息鳴呼欲知者……
申葬放五龍鄉內董里先塋之東北夫人周氏祔……初八日丙……
一人曰陳郎婦曾孫男楊留曾孫女……趙父興象見聞則錄告……
人觀其子孫之盛可也乃為之銘曰……雖闊必藏君之行……
餘慶觀蘭生而……君之名殿而磨楊刻文理深……其行不……
生而不影……

十八、宋楊氏墓誌　元祐六年（1091）三月二十六日

宋故延安君太君楊夫人墓誌銘并序／

左朝奉大父、權管句西京留守司御史台公事、上柱國、賜紫金魚袋張峋撰。／

左朝散郎、守尚書戶部郎中、上輕車都尉、賜緋魚袋劉昱書。／

新授楚州司理然軍楊克一篆蓋。／

夫人姓楊氏，世為弘農華陰著姓。至夫人之曾祖，始居河南，遂為河南人。／曾祖諱克讓，尚書刑部郎中。祖諱希閔，以處士有名於時，累贈刑部尚書。父／諱日華，太常少卿、三司鹽鐵副使。夫人其長女也。楊公賢之，擇里中相族／之有文行者，遂歸於少府監、贈正議大夫張公諱子立。張公歷仕，寖至／三品，踐更劇郡，以治行著。公嘗曰：「使我一心盡瘁，以奉宣恩德，治民而事國，／靡以家事為郵者，夫人之助我多矣。」張公初娶吳氏，其亡也，所生子皆幼。／於是夫人鞠養勤甚而誨之，皆使有立。既而二子婚窒，三女出適，族人／莫不稱焉。至和中，張公自知婺州代還，次于京口而捐館。夫人護其樞，／歸葬于河南縣洛苑鄉冷泉里。其後三十二年，元祐五年十二月戊午，以疾／終於西京嘉善坊之第，享年八十三。遂以明年三月乙酉合祔焉。夫人天／資順懿而奉養儉約，居常宴坐終日，寡言笑，不喜聞人之過失，內外推其懿／行。年逾八十而視聽不衰，尚不舍女功組紝之事，以教其孫。疾革之夕，召為／浮圖者誦佛書而聽之，神識不亂，與家人語如常時。既而，忽有異香滿室，蓋／出自鼻口，眾以為為善之應。夫人以公升朝，初封金華縣君，後進封益／昌郡君，以子加封延安郡太君。子男五人：長仲隆，鳳翔府扶風縣令；次仲隨，／朝散郎、通判唐州；次仲孺，解州軍事推官；次仲咨，博州高唐縣令；次仲裕，河／中府臨晉縣令。女六人：長適太子中舍梁宗詠；次適太常寺太祝薛緷；次適／左藏庫副使焦世昌；次適朝奉大夫姚穎；次適右朝奉郎、都水監丞魯君覗；／次適朝奉郎王逢。孫男凡二十四人：長伯通，洪州分寧縣尉；餘皆業進士。孫／女凡十九人。曾孫凡十二人。將葬，諸孤來請銘，銘曰：／

河南之楊，自唐靖恭。冠冕蟬聯，遠而愈隆。／是生壽母，媲於相門。□□□□，□□□□。亦既偕老，宜其後昆。□□□□，□□□□。諏日之嘉，歸從九……

宋故延安郡太君楊夫人墓誌銘〔并序〕

左朝奉大夫權管句西京留司御史臺公事上柱國賜紫金魚袋張

朝散郎守尚書戶部郎中上輕車都尉賜緋魚袋劉

新授楚州司理參軍楊克一篆蓋

嶠撰

昺書

夫人姓楊氏世為弘農華陰著姓至
曾祖諱兗高祖諱讜尚書刑部郎中祖諱希到
夫人之曾祖始居河南遂為河南人
曾祖諱讜尚書刑部尚書父
諱日華太常少卿三司鹽鐵副使
夫人其長女也楊之擢子
之有文行者遂歸於少府監贈刑部中相諱正議
三品踐更割郡以治行著公嘗曰我一心盡瘁以奉宣恩德治民而事國至
莫不稱焉夫人之助也以歷仕寖至族人
初於是夫人之鞠養勤甚而誨之皆使有立既而二子指館三
夫人中和而知于張公目其後代還次于京口而娶吳氏其亡所生子皆
歸於西河南縣之苑鄉冷泉里終三十二年元祐五年
終於西京善坊約居第年八十三遂以明年三月乙酉十一月
葬焉舉逾八年浮圖焚書以為檀越夕召為藝
浮圖者誦佛書而視聽之神識不喪而與家人語如常時聞人之
資年逾八旬以子加封延安郡太教其孫有異香滿室蓋萬
行順者誼懿娶女善組紉之事以外朝初封金華縣君後進封益
終於是而忽有異香滿室蓋萬

女凡十九人曾孫凡十二人將葬諸孤請銘銘曰
河南之楊媲於相門覺蟬聯
是生壽母自唐靖恭孤孫諸冠
諏日之嘉亦既偕老歸從九泉

中散郎臨晉縣令唐州洛苑令安郡太君事
昌郡君封延安郡太君
左藏庫副使焦世昌次孫朝奉郎次子長次仲詠次博州高唐縣君次仲裕通河
次適朝奉郎王逢孫凡六人長適太子男五人推官宗泳次仲隆次鳳翔府扶風縣君後進封
女六人長適解州軍事姚次伯通洪州分寧縣尉餘皆業進士孫

遠而慜隆

十九、宋宋偁墓誌　元祐八年（1093）四月十四日

額篆書三行：故宋／君墓／志銘

宋故承議郎宋君墓誌銘／

鄱阳彭汝砺撰。／

池陽夏噐書并篆。／

君諱偁，字順翁，其先建陽人，徙邵武而家焉。大父世寧，太／子中舍，贈屯田郎中。父學術高明，聲號聞四海，寔朝散／大夫、廣南西路轉運使，贈朝議大夫。君篤好墳籍，長扵／《春秋》。嘉祐中，恩補太廟齋郎。父遣進陣圖兵書，面對／冕旒，指畫安然。上嘉少而精敏，特與家便，福州侯官／縣主簿，歷安州司理㕘軍，丁父憂。其後累遷至宣德郎，知／福州閩縣。今上踐祚，詔拜通直郎，賜緋衣銀魚，進奉／議郎。元祐三年，用福唐勸課之勞，除知處州龍泉縣。六月／到任，幾旬而感疾，不謁醫，曰：「神嘗告我：『止尔九一之數。吾／其不起。」二十三日卒，所夢乃信。是歲，君以考課當遷承／議郎。誥至，君卒已一日矣。初娶相國張公耆之孫女，封／旌德縣君。生一男，曰師正。後娶朝請大夫滕公希仁之女，／封長壽縣君。生三男：曰朝佐；曰朝卿；曰朝端。學而未仕。女／二人，皆嫁為士人妻。八年四月庚申，卜葬于所居南十有／五里，曰龍窟窠。其子朝卿以状来乞銘，予嘉志而能文，遂銘曰：／

宋氏大族，世忠良。君冝顯發，增其光。風韻閑遠，自頤昂。學／富才優，道其常。蒞事寬簡，去滋彰。愛結人心，斯不忘。朝論／交馳，譽廠昌。惜乎進秩，未金章。天不畀壽，官止郎。我作銘／詩，慰存亡。

故宋君墓誌銘

宋故承議郎宋君墓誌銘
鄱陽夏畺女婿并撰
郷貢進士從邪武□家為大夫世寧太
夫中舍時七田郎中以咸學術高明贊朝議大夫
子諱備字順翁其先建陽人徙四海堂朝散
君諱備字順翁其先建陽人徙四海堂朝散
見然指畫安坐待遺進陳圖兵書面對
春秋嘉祐中恩補太廟齋郎父受其後累至宣德郎知
大夫廣南西路轉運使贈朝議大夫君萬好讀籀學术
縣主簿歷□州司理恭軍丁父通直郎賜緋魚進衣
福州閩縣勒民區拜通判郎賜緋魚進衣
議郎元祐三年用福唐勑敦課之勞除知□州龍泉縣九月
其不起二十三日卒丙夢為信是歲疾不調醫曰神苦我止于九一之敦當還祭
到任然句而感疾不調醫曰神苦我止于九一之敦當還祭
其不起二十三日卒丙夢為信是歲疾
磷薄縣君生一男曰朝佐曰朝端寧而未仕女十有
識郎諱巳一曰君幸巳一曰君華巳一笑初舉相國張公女封
人皆嫁為士人妻八年四月庚申卜葬于□居南十有
二人皆嫁為士人妻八年四月庚申卜葬于□居南十有
五里曰龍窟窆其子朝卿以悅來乞銘予嘉志而能文遂
鎮曰
宋武大族世志良君且顯黃潤其芃鳳韻閒遠自顯鼎學
宦仕優道其雪寬簡去□受結人心蔦不忘朝諡未金章
父勳興康昌惜之進揆未金章天水甲寄官止郎黃作銘
辭慰存亡

二十、宋谷氏墓誌　元祐九年（1094）二月十八日

額篆書四行：宋故／夫人／谷氏／墓銘

宋故夫人谷氏墓誌銘／
姪左朝奉郎、試尚書吏部侍郎、護軍、賜紫金魚袋汝礪撰。／
左朝議大夫、權尚書户部侍郎、上柱國、賜紫金魚袋范子竒書。／
左朝奉郎、充集賢校理、守國子司業、上輕車都尉、賜緋魚袋趙挺之篆。／

叔父彭氏諱素，繼室谷氏，鄱陽人，父諱筠。叔父初娶孫氏，／有婦德母道，所以植其本根旣固矣，夫人擁培灌溉益顯。／且大夫人治家葅醢麻枲之事，為之必有度；鎬釜箕箒之／器，置之必有處。其居婢妾，不敢一妄舉足發聲，不敢盜其米／一粒。其祭祀備以潔，其饗賓客豐以樂。父老晨昏問省，／踵跡相継。有子則納其弟之女，有女則以妻其弟之子。叔／父死，其家益治。汝發舉進士，中其科，鄉人榮之。五男子：汝／發者，長也，前蘄州廣濟尉；次汝賢；汝穀；汝言；汝奭。女三人：／孟適吕覃；仲適吳詔；季適谷賜。汝奭仲季者，夫人生也。孫／男十四人：長曰僅；餘皆幼。孫女九人，長適進士袁升。元祐／壬申六月庚申卒，年六十一。汝發使人来訃，汝礪拜且哭。／使者問喪禮，汝礪曰：「以哀為主，禮惟其稱。」問日，乃卜之，用／九年二月庚申。問：「或謂祔之，或謂離之。」曰：「祔之。」夫人昔也／有治命，請銘曰：「汝礪辭銘，其孰為之。」乃銘，銘曰：／

有蒼者山，有泚者泉。祔則其夫，／後有子賢。夫人安之，噫萬斯年。

宋故夫人谷氏墓銘

宋故夫人谷氏墓誌銘

婣左朝散郎試尚書吏部侍郎護軍賜紫金魚袋范子奇書

左朝議大夫權尚書禮部侍郎上柱國賜紫金魚袋□□□挺之篆

叔父彭氏諱素繼室谷氏鄱陽人父諱筠叔父初娶孫氏
有婦德母道所以植其本根既圉夫人攜培灌漑釜箸之顯
且夫人治家莅麻枲之事為瑩必有度鑄釜箸之
器置之必有處其居婣妾不敢一妾舉足發嚴不敢盜其
米一粒其祭祀備以眾其饗賓客豐以樂父爺晨昏問省
踵跡相繼有子則納其弟之女有女則以妻其弟之子叔
父死其家益治汝發舉進士中其鄉人榮之五男子汝
發者長也前蘄州廣濟尉次汝賢汝穀汝奭女三人
蓋適呂章仲適吳詔李適谷曉汝奧仲季者夫人生也
男十四人長曰僅餘皆幼孫女九人長適進士束升元祐
壬申六月庚申卒年六十一汝發使人來訃汝礪拜且哭
九年二月庚申閏盛謂祔之或謂離之曰祔之夫人昔也
使者閒喪禮汝礪曰以衰為主禮惟其稱問日乃卜之用
有治命請銘曰汝礪辭銘其孰為之乃銘曰

後有子賢　有沘者泉
夫人安之
噫萬斯年　祔則其夫

二十一、宋宗室世著夫人白氏墓誌　　紹聖二年（1095）七月四日

誌蓋篆書四行：宋宗室／華原郡／君白氏／墓誌銘

宋宗室威州防禦使世著夫人華原郡君白氏墓誌銘／

翰林學士、左朝議大夫、知制誥、兼侍讀、上柱國、會稽郡開國侯、食邑一千　百户、賜紫金魚袋臣錢勰撰。／

翰林藝學臣靳中植書并篆蓋。／

夫人白氏，曾祖父文肇，贈忠武軍節度使。祖仲衍，贈左屯衛／將軍。父昭詠，左藏庫副使。母故安平縣君趙氏。其先為藍／田人，後家京師。夫人年十五，歸于宗室今威州防禦使／世著，封同安縣君。夫人事其姑普安夫人洎威州／所生建安郡太君，始卒盡禮孝。威州主冀宮，專奉康孝王／祠事，凡歲時薦享，必與諸婦親執其勞。訓子甚嚴。紹聖元／年九月丁巳卒，享年五十有六。五男：長令出，右武衛大將／軍、洺州團練使；次令忱、令斅，皆右千牛衛將軍；令憻、令樵，／皆左班殿直。四女：長適右班殿直姚育；次適左班殿直李／仲卿、右班殿直曹脩、三班奉職姚弈。孫男六人：子厚、子脩，／並右班殿直；子櫄，三班借職；餘幼。孫女十人：長適三班奉／職庫孝忠；次適三班奉職田思恭；餘幼。曾孫男一人。以紹／聖二秊七月丁酉，葬河南府永安縣。銘曰：／

其生也榮，孝禮淶茂。／年逾中身，不至拾壽。／去茲昭昭，孰洩悲疢。／

少府監玉冊官臣趙隱刻。

二十二、宋高顯地券　紹聖四年（1097）九月四日

維大宋國隴州汧陽縣万善鄉橋東社亡考／高顯，今於紹聖四年九月庚戌朔初四日甲寅／葬礼。今用錢万万買九千九百九十九文就／此黃泉父、后土母、社稷買得前件十二邊墓／田，週遁一頃。／

東至青龍，西至白虎，／南至朱雀，北至玄武。／上至倉天，下至黃泉。／

右件六至分明，了與天地神明。保人張堅／故、里定度，知見人東王公、西王母，書契石／功曹，讀契人金主簿。書契人飛上天，讀契／人入黃泉。執此券文為憑。／

紹聖四年九月庚戌朔初四日□□。

二十三、宋令狐昇墓誌　崇寧元年（1102）七月十四日

額正書：宋故令狐府君墓誌銘

宋故令狐府君墓誌銘 /
河東裴淑撰，閻濟書并題額。 /
君姓令狐，諱昇。其曾祖、祖並亡諱。考諱斌，母盧氏。且令狐之源，
燉煌為高望也。以之歲月綿 / 遠，其族派流於四方者多矣。是以君之先家於
汾陽平遙縣洪山寺，世世業農，即有年載，其田產 / 盛於閭里，久而後失之。
逮君之考，素抱志節，恐不贍生，遂棄稼事，商販銅鍉。會國家用人於西鄙，
/ 乃就糧轅門，此亦隨時之義。及君成人，觀父之志，亦募軍於潞州神武指
揮。其言性沈靜，不苟說 / 扲人。雖在行伍間，自以忠信措其軀，由是軍眾
皆服其操執。時因屯戍邊遠，患以兵役為勞，思其庇 / 身之術。彼遇一針工，
乃傳其技，既而得之。至於裁綾制錦，厥功過於所授者。由是出入公庭間，
執以 / 刀尺為務。即軍中之役，一毫無以加於身。又用工寡而獲利多，致享
家之溫足。其能遠慮至此，誠可 / 謂有心哉！晚年頗知止足，退為百姓，猶
鬻技於闤闠間。雖復人事誼譁，交易紛冗，未嘗言人之是非。 / 惟樂默持佛
語，以適性情。萬井之輩，相侔者幾希焉。君之諸子皆能孝事其親，每晚必
集於市，左 / 右扶持而歸。雖日月遷貿，少無形倦。君既老且病，而終於元
符三年十二月二十五日，享年七十 / 有六。娶夫人傅氏，早亡於治平四年十
二月五日。繼娶李氏，亦先君一年而卒。四子，皆出傅氏。長 / 曰恩，娶郭
氏；次曰方，娶魏氏；次曰奭，為本營十將，娶賈氏；次曰光，娶李氏。孫
男四人：長為宗祥，娶申 / 氏；次為宗祐；次為宗祺；次為宗禮。孫女八人，
從人者六，餘在室。君之亡弟諱貴，為太原府神銳 / 都頭，娶馬氏。生四男：
長曰慶，本營十將；次曰友；次三哥、四哥。二女子各有歸。嗚呼！君之有
後，宜非平 / 昔不形是非之言而，守忠信之實以為報乎。君終，越小祥，諸
子謀葬，限以先塋遠在洪山，不克遷 / 父之柩。遂卜新塋於潞郡之西太平鄉
王童里之原，祔以傅、李二氏。將就壙，於崇寧元年秋七月十 / 四丁酉日，
既定其期。君之令甥李通狀其善行，示余乞銘。余於通交，分不克辭，故得
敘始末而繫 / 於銘曰：

源出燉煌，派出汾水。洪山其墳，君之祖始。家實良農，/ 久而後廢。
父子從軍，隨時之義。曾念兵勞，默存斯志。 / 薄技精傳，終身為庇。諸子純

孝，晨夕無替。扶老事疾，／死而何媿。卜立新塋，潞西之地。銘石幽堂，王童之里。／

崇寧元年七月十四日，匠人任道儀刻。

二十四、宋呂大球墓誌　崇寧四年（1105）十月九日

宋故左朝議大夫致仕、上柱國、隴西縣開國男、食邑三百户、賜紫金魚袋呂公墓誌銘 /

翰林學士、朝奉大夫、知制誥、兼實録修撰、兼修國朝會要、雲騎尉、長樂縣開國男、 / 食邑三百户、賜紫金魚袋林攄撰。 /

翰林學士、朝請郎、知制誥、兼侍講、兼實録修撰、驍騎尉、南陽縣開國男、食邑三百 / 户、賜紫金魚袋鄧洵仁書。 /

承議郎、試大司成、兼侍講、詳之編修國信條例、武騎尉、保寧縣開國男、食邑三百户、賜 / 紫金魚袋薛昂篆蓋。 /

公諱大球，字君玉，姓呂氏。其先占籍青社，後徙河南，迺居緱氏，遂為河南人。曾祖守凝，祖若愚，皆隱不仕。考 / 仲蘭，以公仕于朝，累贈右正議大夫，妣張氏追封清河郡太君。家故饒於財，公獨有志，期自奮立，家事悉置 / 不問。惟嗜學屬文，親賢師友，以俟科詔。嘉祐二年，一舉擢進士第，試校書郎，主襄州襄陽簿，移渭州平涼令。 / 改著作佐郎，遷秘書丞，遷太常博士。會新官制，易承議郎，賜五品服，加朝奉、朝散、朝請郎，復為大夫。 / 今天子即位，進左朝議大夫，賜三品服，知廣州清遠、孟州濟源、耀州同官縣，監開封府東明縣酒稅，掌真定 / 府路安撫司機宜文字。通判鄧州，守洋、郢、萊三州，管句西京崇福宮，已而遂致其仕。積勳自騎都尉六遷至 / 上柱國，享年七十有六。公初為襄陽簿，已有能聲。邑大，地多陂池、川澤之利，久弃不講。公為相視，率民作堰 / 于侯塘，不費于公，不擾于私，堰成溉田二千餘頃，民至今利之。其令平涼也，當朝廷復古制，寓兵扵農，以 / 刺義勇。民懼新令，未達美意。公為曉喻，民乃悅服，更相勸率，不待糾督而籍丁壯，列保伍。入其課為一路先， / 部使者交薦之。邑之所隸郡有孀婦，家富而族人之豪者欲并其資，妄訟其財出於祖構，謂己有分。厚賂鄰 / 里鄉黨，引以為證。復交通獄吏，傳會其事，孀婦不克自明。獄成，將分給之，郡守疑非是而不能得其情，特以 / 付公。公為詰其置產之曰，仍鞫獄吏，得交通跡，贓狀顯著。即按吏，并訟者正其罪，孀婦乃獲保其富。帥司歲 / 市穀百萬以實邊，選公典其事。而位權要者恃勢規利，欲以腐粟中粜。公曰：「兵食所繫良重，位以權勢屈，苟 / 可，此後有繼至者，何以拒之？」卒斥不售。俄而位權要者任益顯，公正隸其部屬，或勸公去以避其鋒。公曰：「吾 / 前日所固執

者，公事也。使其人賢，必是我。奈何逆以彼為不賢而求私避乎？」安職自若。已而，顯人果首薦公／而加禮之。故當時皆服公之量，而且賢顯人之不以私害公也。既調清遠，而母夫人春秋高，懼涉嶺表，乃求／監東明酒稅，以便親養。濟源劇邑，方熙寧法度一新，推而行之，實始郡縣。公能明上之德意，奉行不背，雖／簿書堆几、牒訴滿庭，而應辦有理，處之裕如也。同官居陝右，屬朝廷問罪西夏，五路進討，檄公主環慶糧／餉，直趨靈武。行次海原南平，遇寇大掠。它邑所部多驚潰，公獨能鳩集夫徒，禦而退之，完聚糗糧，特蒙上賞。／洋為川路名郡，而富士人。公至則慕文翁之政，崇儒勸學，闢庠序以身率之，闔郡皆化。郢瀕江漢，民俗淳厚，／公能曰其俗，鎮以清淨，郢人安之。在東來，值歉歲，民多流移，公出常平粟賑之，賴以全活甚眾。郡帑素優，前／此饋遺多踰拾法，公悉裁之，人稱其廉。自萊歸，慨然遂有林泉之興。曰請宮祠，安居里第，優游杖屨，觴詠自／適，構新堂以佚老目之。未幾，亟引年得謝。臨終神色不亂，翛然而往。公以儒起家，既官而仕，垂五十年，致為／臣而歸，善始令終。追榮考妣，延世子孫，亦縉紳之所稀有。為人寬厚有餘，臨事則惟義所在，毅然不可奪。讀／書至老不倦，作為歌詩，務以見志。有文圃五十卷、詩集啟錄十卷藏于家。先娶王氏，追封旌德縣君。再娶張／氏，累封永安縣君。子九人：亞夫、介夫、敦夫、端夫、廉夫、達夫、直夫、純夫、正夫。亞夫，弟進士，為通仕郎、酈州錄事／參軍；端夫，將仕郎、澧州司法參軍；直夫，從事郎、知楚州錄事參軍；純夫，假承務郎；正夫，將仕郎、潁昌府戶曹／參軍。女五人：長適進士韓公謹；次適將仕郎、汝州郟城縣主簿劉絢；次適進士甯宅；次既嫁而歸；次適進士／劉損之。孫男七人：岐，舉進士；岯，太廟齋郎；峒、嶬、岵、嶒、嶠。孫女九人。卜以崇寧四年十月癸酉，祔公于河南府／永安縣張曲里先塋之次。其孤以甯宅狀來請銘，家君與公連姻契，故不肖得以知公之素，復義不可辭，為／之銘曰：／

公少尚志，不屑拾利。以儒起家，決科再世。爰初試吏，既以能聞。／作堰侯塘，其利到今。四更墨綬，三擁朱輪。勇以卻敵，慈能賑民。／壽幾拾耄，秩視亞卿。追隆考妣，燕及子孫。可以無憾，始終哀榮。／崇寧乙酉，祔于先塋。何以詔之，幽宮有銘。

霍奕模刊。

考釋文章有高進旗、陳豔紅：《洛陽新發現北宋呂大球墓誌銘初考》，《洛陽理工學院學報》（社會科學版）2014 年第 4 期，第 6～11 頁。

二十五、宋沈玘墓誌　崇寧五年（1106）十二月十五日

額篆書五行：宋故／台州／司法／沈君／墓銘

宋故台州司法沈君墓誌銘／
奉職郎、句當在京右廂店宅務周之祥撰。／
登仕郎、前筠州高安縣丞程褒書。／
將仕郎、撫州宜黃縣尉吳宇篆。／
沈氏之先，嘗食邑於吳興。其後千億，從宦于四方者靡常其居，故君古／為鄱／人焉。君諱玘，字夢祥。曾祖延壽，以其子庫部貟外郎士廉辭學登科後贈官／至太僕少卿。祖士雄，父琮，皆以才能累被鄉舉。君之先世，家號冨饒。而君少／孤，承叔父不羈，不事生業，幾為溝中之瘠矣。乃能以節儉先身，復治資產，家／用苟完。自以家世儒術，幼承父師之訓，孜孜業業，尤切有志于學，且耕且養，／幾用有成。嘉祐中，初獻于鄉老。由是夙夜匪懈，焚膏継晷，以為科舉之習者，／未嘗少怠焉。元豐八年，哲宗皇帝降詔，儒以三十年推／恩。君遂蒙賜以京府助教，著在仕版。初調歙州績溪縣尉，次任台州司法参／軍。其任績溪之職，縣尉也。邑民有以重辟為人所誣者，君當視驗，悉為理雪。／邑有強盜，君時親勵弓級，明示籌畫，出不踰句，寇遂擒獲。為同僚所忌，不獲／奏功。其在丹丘也，處法官之任，案牘閱實，曲盡事情，太守大夫沈公迥尤所／知重焉。君於鄉黨，內謙遜，外溫恭。樵夫牧童皆下以禮，閭巷鄙夫皆知其善，／卿士大夫深愛過焉。其蒞官臨人也，內清正而外公忠。奉條守法，不以一介／取諸人，咸其所禀者然也。時元符三年庚辰三月初二日，卒扵寧海縣之佛／舍，享年七十有四。子男二人：長曰許國，兩興鄉薦；次輔國，志學有守。女五人：／長適進士汪防；次適進士段承之；次適進士李協；其二女先君而亡焉。孫男／三人：師顔、知萬、知嗣，皆就學。孫女二人。以崇寧五年丙戌十二月十五日與／夫人潘氏合葬于鄱陽縣義犬鄉後庄源。銘曰：／
伊人之生，柔惠且直。溫溫其恭，／顯顯其德。蒞官則勤，奉身以嗇。／陰功既昭，在于佐職。善斯有報，／慶流千億。我為銘章，光示無極。

二十六、宋張清墓誌　政和二年（1112）三月三日

額篆書：宋故張君墓銘

宋故張穆卿墓銘 /

圭峯楊浩然撰，任溉書，曹演篆蓋，李迪刊。 /

大觀四年，張革喪其怙恃。越二年，卜葬有期，齎行狀求余為銘而褒顯之。余謂曰：「夷齊首 / 陽之餓，夫淵騫魯國之賤士，獲仲尼一稱，天下後世所以信之者，蓋取信於仲尼故也。浩 / 然雖學於仲尼有年矣，寂無揚名之効。設為片文，人孰信之。況先丈有如是美行，即諸聞 / 人而銘之可也。」革曰：「仲尼稱茲四人，固當為法於萬世。賴子顯革怙恃，蓋將傳信於一家， / 幸毋固辭。」余以堅請之故，既不獲辭，直誌而銘之。張君諱清，字穆卿，世為岷州長道人。曾 / 祖不聞諱，以祖幼孤故也。祖友萬，父吉，皆不仕。熙豐之間，君之父不幸在縲絏中，勢若未 / 易免者。君乃歎曰：「為人父母，子病亦病，子榮亦榮。今也吾父有囹圄之苦，安得移之吾身， / 俾吾父之安靖也哉。」念念不已，有位果矜而釋之，非孝誠孰致之哉！君少與弟慶和，仰事謹 / 節，然常苦家貧口眾。命君請佃省地，命慶治諸別業，皆有幹蠱之譽。元祐五年，在永感下， / 哀毀有聞。既除服，乃舉大葬。美而不奢，儉而不陋，得所以葬之之禮。已而，慶累白於君，欲 / 異籍而居。君既達其愛弟之所請，復念為父母之鍾愛。即與議曰：「別業增廣，吾弟平日勤 / 勞之力也。我則無意於是，省地所入無幾，吾弟豈欲之哉！」慶深可其言，請臨帖詳述其事， / 易而執之。弟兄之間，秋毫無復取，遂析居焉。識者稱君善友愛之行。天姿剛直，人以不正 / 而至者，必面折其非，而喜怒不留於心矣。樂與山居人陪遊，嘗於邑之南境，俾畜牧豚豸。 / 偶佳景良晨，割牲醲酒，以永談咲者，屢年於茲。至六十有二，一旦棄其夙好，自視身世，等 / 一夢幻。然乃帥室家，專事戒品，誦味內典。遊秦封之麥積，覩嚴佛之瑞光，尋訪先覺，而知 / 日用。大觀四年五月癸卯，忽感疾不起於第。先是，嘗自刻遇忌日躬持大明神呪五千四 / 十八卷以薦之。乙巳，即父之忌日。病且篤矣，猶思所持未滿者二百餘卷，扶病而足之。越 / 四日己酉日，方中熟寐而覺，謂其子曰：「吾病瘳矣！夢得大圓鑑皎然明澈，非類常所見者。 / 我心豁然輕安矣！」言訖而化，享年六十有六。妻甘氏，及笄而適君。為女則秉從德，有家則 / 行婦道。睦親嚴祀，始終如一。生男二人：長曰革；季曰厚。女三人：長適韓氏；次成

氏；季景氏。／皆豪族也。冬十有二月己未，微覺風眩，安枕久之，若有待者。會緣化尼至，欣然而起，相與／語論甚歡，命革施之千錢。既退而卒，享年六十有三。革卜以政和二年三月庚申，大葬於／水秋里黃蘗谷之西山，以夫人甘氏祔焉。銘曰：／

於惟穆卿，一念何精。行篤友愛，遄飛厥聲。氣剛而直，心和且平。／折彼邪說，不留其情。嘗遠城郭，山鄉旁礴。割牲釃酒，用輔所樂。／年高德劭，屏除夙好。眷世幻虛，如夢忽覺。資訪師友，知而允蹈。／病瘵輕安，寂大圓照。夫人甘氏，淑德如此。有後復賢，不殄厥美。／蘗谷西山，卜為吉兆。百世攸寧，於焉是保。

二十七、宋德靖塔銘　政和二年（1112）十二月十三日

額篆書：靖和尚塔銘

宋故靖和尚塔銘／

普安比丘法澄録。／

師諱德靖，生緣撫之金谿人，俗姓陸氏。卯角出家于／邑之清沼院，礼師越輝。年三十六，淂業具戒，世壽／六十有九，夏臘三十餘三。於政和二年壬辰歲十一月／庚申，宴默觀空，嗒焉順寂。將用其年十二月／丙申，曇塔于院之東隅。度高第四人：曰自方、祖虎、／自寧、自圓。皆奉戒純一，愜于高懷，行者傳禧，未／獲恩度而精進守常。將穸日，高足自方求余／為銘，余知其詳而辭不獲解。乃從而銘曰：／

旣慈且壽，有生還滅。／塔鑣松丘，清風明月。／

廖通刻。

二十八、宋胡光國墓誌　政和七年（1117）五月九日

　　大宋胡光國元賓，濟／南禹息人，西京留守／推官之季子。春秋三／十一，政和六年丙申／歲夏六月廿六日卒。／次年丁酉五月己丑／朔初九日丁酉，葬扵／……

二十九、宋甘十二郎地契　靖康二年（1127）三月六日

額正書：甘十二郎地契

　　維皇宋靖康二年歲次丁未三月 辛 ／ 卯朔初六日丙申，江南西路洪州豐城縣 富 ／ 城鄉同造里水南保歿故甘君十二郎行年五 ／ 十六歲。於今年二月十九日忽然天降大 ／ 禍，命往泉臺。昨用錢財万万貫於 ／ 土地神邊買得坤申山甲向地一穴。其 ／ 地東止甲乙，南止丙丁，西止庚辛，北止壬 ／ 癸。中央戊已，為亡人塚宅。前亡君 ／ 子，後化女人，並爲隣里。伏尸故器，／ 不得妄來呵責。如違此約，送付 ／ 汝青。急急如律令。／

　　書人天官道士，／ 保見人歲月主者。

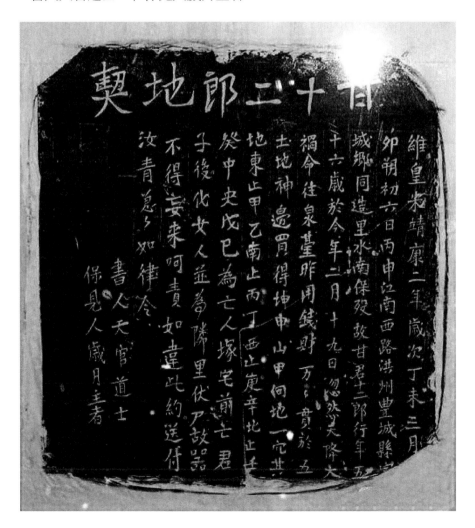

三十、宋俞氏地券　建炎三年（1129）十二月十日

額正書：宋故俞氏夫人地券

大宋國江南西道撫州崇仁縣青雲鄉丹／桂里相山水南保居住威主寧夫人俞氏／本命丁亥，行年八十二歲。因往南山採花，／路逢仙人賜酒，因醉而迷覔不返，遂停喪／在堂，已經二載。今用錢九万九千九百九／十九貫九百九十九文九分，憑得牙人張／堅固，保人李之度，就天帝邊買得地名／古路巷口陰地巷口陰地一穴。其地東至／甲乙，南至丙丁，西至庚辛，北至壬癸。／上至青天，下至黃泉。其地在中央，將与亡人永／為万年山宅。其地是坤山来龍，落頭坐丁／未，穴正坐丑癸向。所有山精地神魍魎邪／魅不得爭占，如違，太上有勑。／

牙人張堅固，保人李之度。／書人天上鶴，見人海中魚。／

太歲己酉建炎三年十二月初十日乙時安葬訖。

三十一、宋董鴻墓誌　紹興六年（1136）三月三十日

額篆书六行：宋故 / 通直 / 郎致 / 仕董 / 君墓 / 誌銘

宋故通直郎致仕董君墓誌銘 /

龍圖閣直學士、左朝請大夫、提舉湖州太平觀、德興縣開國男、食邑三百 / 戶、賜紫金魚袋汪藻撰。/

君諱鴻，字子漸，姓董氏。五季之亂，士大夫皆保歙之黃墩。亂定稍出，散居其旁數百 / 里閒。宋興，涵濡百餘年，子孫相承為聞家者數十族，董氏其一也。董氏之祖居饒 / 之德興六世，而生長者森森。有厚德為閭里所宗，年八十餘而終，今顯謨閣待制程 / 瑀誌其墓。君少敦厖，有長者風，而刻意問學。時吳興朱臨以經專門，學者不遠千里 / 受業。君從之數歲，得書禮之學而歸。董氏三世一子，長者老而傳君，不能去家卒學。/ 乃築臺疏沼其家之旁，專以娛親為事。長者殁，君年幾七十。吳孺慕悲，哀禮無違者，/ 人以為難。自以家累千金，懼子孫為豪右所咻，無日不訓以學。子孫皆孝謹退，然 / 不能言，見者知其為君家兒也。君智次恢踈，與人無秋毫隱。自奉極清約，不妄費一 / 錢。人以緩急投君，必傾倒抹之。歲饑，裁粟價予人，不待勸分而出，百餘里賴之全活，/ 至不可勝計。性喜書畫，集古今人名跡數十囊，勝日臨眀牕淨几摹倣自適。以偽甞 / 君者，必能辨之。於醫藥地理之書尤邃。聞人疾苦，褰裳走其門。釋青囊經數千言，祕 / 而不出。晚留心釋氏，聞僧懷古語而得法。為子時敏令烏程，東陽通守贛郡，欲御君 / 之官，皆謝不往。曰：「吾平生守墳墓，今老矣，乃從汝曹遠宦耶？」用子恩，累封通直郎，年 / 及眉壽，強健不少衰。兩子簪笏侍側，里人榮之。君既聞道，益清癯，屏羨去欲，翛然與 / 世相忘。雖遇疾，旬日起居如平時。一旦，隱几而逝，春秋八十有一。屬纊之後，若有話 / 言，与人接者曰：「吾生西土矣。」人以為得法之證。紹興六年三月三十日，葬君浮溪黃 / 壇之原，距其家十餘里。妻余氏，先君卒，贈孺人。子時成、時中、時顯、時用、時舉、時敏。時 / 中，武義郎；時敏，朝請郎，通判虔州。女三人，為張林、余敫、張梾妻，皆名族。孫男女若曾 / 孫合三十七人。而子之及君葬者，時用、時敏而已。余曾觀漢以貲豪者，率比千戶，封 / 君而無爵秩也。有爵秩者，莫貴二千石。然月所□□粟白八十斛，不得名其田也。君 / 歲贏萬鍾，官至八品，壽八十餘，居鄉稱善人

□。時敏方以材進，且大君之門，眂古無／愧矣。藻與君有婭，知君非一日，乃叙而銘之，銘曰：／

　　材而顯於國為宦□通，仁而著其里於宦則同。／輟學娛老推□振窮，有祉有壽有班有封。兼天／下之所願，然而談笑生死，是謂能成其終者耶！

　　錢塘嚴義刊。

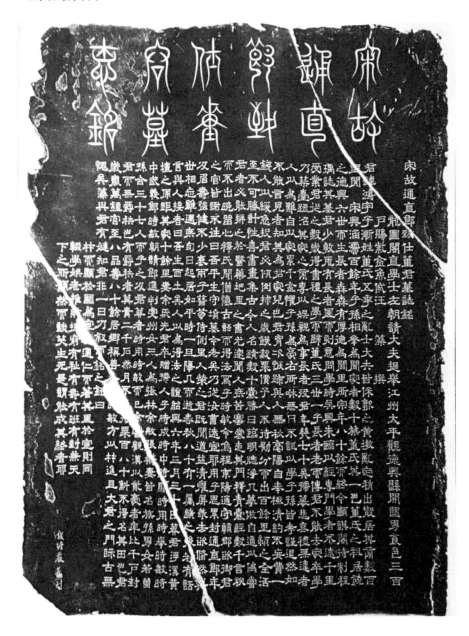

三十二、宋權邦彥仕塗履歷記　　紹興五年（1135）正月二十九日

宋故樞密端明權公仕塗履歷記 /

公諱邦彥，子朝美，河間樂壽人也。曾祖顯，贈正奉大夫；曾祖母郭氏，贈高平 / 郡太夫人。祖慶，贈正奉大夫。祖母李氏；贈永嘉郡太夫人。家世力田，不仕。父 / 諱經，始讀書為儒，有聲場屋間。晚歲好浮屠氏學，自謂無相居士。以公貴，累 / 封朝請大夫，致仕，贈宣奉大夫。母韓氏，贈新興郡太夫人。繼母王氏，封普安 / 郡太夫人。公少篤學，為文操筆立成。年二十六，賜上舍及第，授從事郎、青州 / 教授。循文林郎，為睦親西宅學正。循儒林郎，提舉河東路學事司主管文字。 / 改通直郎，為太學博士。轉承議郎，提舉永興軍等路學事。轉朝奉郎，遷尚書 / 膳部員外郎。轉朝散郎，除吏部員外郎，除辟廱司業。轉朝請郎，為國子司業， / 除尚書左司員外郎。轉朝奉大夫，加集英殿修撰，出知易州。轉朝散大夫，有 / 旨還舊任。改直徽猷閣，知萆州，尋除宗正少卿。改知德州，加祕閣修撰。再知 / 萆州，加右文殿修撰。淵聖皇帝嗣位，轉朝請大夫。今上登極，轉朝 / 議大夫，除天章閣待制，帥荊南府。改帥東平府。就除寶文閣直學士，徙帥江 / 州。丁無相居士憂，詔奪服，除帥建康府，改授淮南江浙荊湖等路制置 / 發運使。召為兵部尚書，兼侍讀，除端明殿學士，拜簽書樞密院事，兼權 / 參知政事。紹興三年二月三日，以疾薨，享年五十有四。贈正奉大夫、樂壽縣開國子、食邑六百。娶呂氏，追封樂平郡夫人，先公卒。再娶李氏，封隴西郡 / 夫人。男嗣衍，右承務郎。女一人，穰其壻也。以五年正月二十九日，葬于徽州 / 婺源縣萬安縣千秋里溪東之原。將葬，其弟邦乂泣曰：「先兄文章氣節不愧 / 古人，今葬有期而誌銘未立，無以實其墓，懼為後時羞。子姑叙其大略，以妥 / 安之。若其銓次行事，以求銘於立言之君子，與請謚于朝，刻之碑，以告 / 来裔者，在邦乂之他日未晚也。」穰晚進，不及知其詳，姑掇其生平履歷而為 / 之記。前葬之三日，承事郎、添差簽書徽州軍事判官廳公事韓穰記并書。 /

保安院僧道思刊。

宋故柜客端明權公仕塗履歷記

公諱邦彥字朝美河間樂壽人也曾祖顯贈正奉大夫曾祖母李氏贈永嘉郡太夫人蒙世力以公貴安州

謂經始讀書為儒有聲場屋聞晚親韓氏贈新興郡太夫人繼祖母王氏封青州祖母郭氏贈高平

封太夫人祖慶贈正奉大夫母閻晚親韓氏贈新興郡太夫人繼母王氏封文字安州不仕奉大夫人蒙

郡太夫人少為儒為文林郎為瞭親文林郎正衞儒林永興軍提舉學事司業轉朝請郎子葉大知有

敕撰偷文林郎為眳親文林郎除西歟宋正衞儒林提舉永興軍路河東路舉朝請郎為眳親文子有

改通直郎貢外郎轉朝散郎除史部貢外郎除宗正火卿毀修撰出知德州加祕閣修撰朝請朝散郎邊知

郡貴外郎改貴外郎轉朝散郎除史部貢外郎除宗正火卿毀修撰出知德州加祕閣修撰轉朝請郎大知

除尚書左丞除直徽修撰轉朝奉大部除史部貢外郎除宗英毀卿撰出知德州加祕閣除上登極朝江

言還舊任改直徽修制帥荊南府改帥東平府託准南江浙荊湖寺路楗置制極師江

議大夫除右丞除天章閣待制帥荊南府改帥東平府殿學士拜尚書楗察院事楗制置

覺州加政裏紹與三年二月三日以疾蒙卒年五十有四贈正奉大夫封隴西郡縣權

獄知政裏紹與三年二月三日以疾蒙卒年五十有四贈正奉大夫封隴西郡不愧

貪知國子食邑六百戶右珫郎女一人以資其墓懼先蒙先公曰先兄文章氣郎以告安

開國子食邑六百戶右珫郎女一人以資其墓懼先蒙先公曰先兄文章氣郎以告安

夫人晷綢行右楊郎娶品氏之原將葬其弟邦先蒙正夫人正氣郎之碑而為

源縣萬安有期而誌銘以來立言之惫子興後誌著子姑叙其平生之略以

蘂人晷綢行右楊里溪東之無以資其墓懼先蒙姑叙其平生之略以

古之者其詮次行事以求銘添於槐晷進徽州

安之若今萎葬而事以求銘也他日未睌添蓋晷進徽州冕李判官廳公事韓雜記

采詉者前葬之三日右象事郎也他日未睌添蓋書徽州冕李判官廳公事

泉記

三十三、宋胡發墓誌　　紹興七年（1137）十二月三日

宋故胡秘省墓誌銘 /

豐城李夔撰。 /

弟登書。 /

公諱發，字子華，撫州臨川人也。曾祖諱新，祖諱實。父諱世英，字邦傑。二世 / 皆晦德，以富雄。至邦傑，始樂於義方，有聞于鄉里。生子華，是夕，夢鳳翔于 / 室。既生，神識爽邁，穎脫異倫。幼年就學，恥與群兒為戲劇。動容語默，謹守師法。學士鄧公見而奇之，謂邦傑曰：「此子非庸輩也。」於是攜而與之歸，教 / 以為文，日記數千言，凡書皆一閱而悟究之。由是，得其懿範，操履蘊藉，時 / 輩悉皆欽仰。公年十三，赴郡三舍學，肄業。亹亹克勤，該博經史，煥為詞藻， / 博麗閎偉，月書季攷，屢出其右。未幾，舍法告罷，復新科舉。公赴詔，果中 / 優擢，由是聲名藉甚。老師宿儒，拱手嘆服。不幸時命未偶，見出於禮部，眾 / 皆惜之。公天性敦厚，器度豁達，喜怒不見，得喪若一。事父母盡孝，怡情適 / 意，服勞不倦。兄弟七人，事無失色。閨門之內，輯睦無間。實公有以率之而 / 然也。惜乎禄未及親而天不予年，丁巳紹興七年七月十三日，終于寢，享 / 年四十。至弔者非特傷公早世，且憫邦傑之志篤於義方而未獲其報也。 / 娶方氏，生四女，咸未媒。遺腹而有子，名曰嗣興。以是年十二月庚申日，葬 / 捍堆山。將葬，邦傑告予曰：「吾子不幸早世，無聞於時。敢丐一言誌諸幽，以 / 彰不泯。」予與子華總角為友，熟知其行事之實，故不辭而為之銘曰： /

度量汪洋，丰姿秀穎。名已盛傳，年何不永。 / 孝養之勤，實稱賢子。禄未及親，遺恨無已。 / 松竹凄然，幽宮深隱。藹耳清氛，千秋不泯。 /

邵武熊詵捴課，臨川盧全刊。

三十四、宋王憲墓誌　　紹興十年（1140）十一月二十日

額篆書四行：宋故／王承／事墓／誌銘

宋故王承事墓誌銘／

左文林郎、前虔州會昌縣令、主管勸農公事洪禧撰。／

左迪功郎、前臨江軍司户条軍韓屏書并篆。／

公姓王氏，諱憲，字君章。其先信之弋陽人，徙居饒之樂平。曾大父安，大父誠，父翰，皆／隱德不仕，世唯力農。至公始篤意教子，雖為鄉鄰所訾笑，而終不輟。以故其子必中、／剛中三聯薦書，而必中以四舉登進士第，調鄂州咸寧縣尉。先是，二子將旅試／行在所，而公已屬疾二年，人皆危之。識者謂公素為善，天必報之，當及見其子之有／成，既而果如所言。然得失若驚，人之常情，而公獨不以介意。方二子被黜禮闈而歸，／愁悴若无所容。公獨怡然笑語，反釋之以理。及其解褐西歸，拜於庭，人皆以為公榮，／而諸子竟亦不見其喜焉。公性孝友而剛直，順承親志，常恐以家事憂。雖昆弟五人，／而於幹蠱獨不辭難。嘗以無辜罹陷阱中，兄弟俱誣服，不得免。公不忍併累諸弟，乃／獨以身當難，脱之患，人多義之。凡事可以成人之美，脱人之阨者，力為之，不顧身害。／人嘗竊其牛，有告之者，跡狀甚明。公曰：「若訴於官，則幹累者眾，不如已之。」其存心類／如此。若乃高貲豪黨，武断於鄉曲者，人爭奉之。公獨與之抗，而氣不少屈。宣和間，魔寇／方臘起，有狂男子自稱其姪，託言神怪事巡門警告，于時駭惑而觀者數百人。及至／公門，即叱縛而訊之，遂得其詐，眾由是嗟服而散，此又見公之器識過人遠甚。每／語人曰：「事无有不報。」今觀公為善之効，其言信矣哉。越紹興十年正月二十二日晨／興，謂諸子曰：「吾夜夢至沉香閣下，見神仙降簿年月，吾命數殆將盡乎。」是夕，感暴疾，／七日而卒，享年七十一。初娶吳氏，出士族，助公訓子尤力。以宣和元年三月十三日／卒，葬于永善鄉久林寺之南。子男四人：長曰亘，早世；次曰必中、剛中、守中。女二人，適／士族。孫男五人：長曰瞻；次曰逢辰、昌辰、拱辰、應辰。曾孫男一人，曰尹。皆幼。継室徐氏，／出大族，亦先公九年卒。諸孤將以其年十一月庚申，合葬于先夫人吳氏之墓，禮也。／公平生信釋誦經，重僧而喜施。至是窆窆，獨密迩金刹，且有祠奉，時以為嚮佛之報／云。禧與公之子為從表昆弟，最為知公，故敘次而為之銘曰：／

為善有報，樂教有成。病雖危惙，及見子榮。／旣厚所施，未豐所享。他日疏封，用光幽壤。

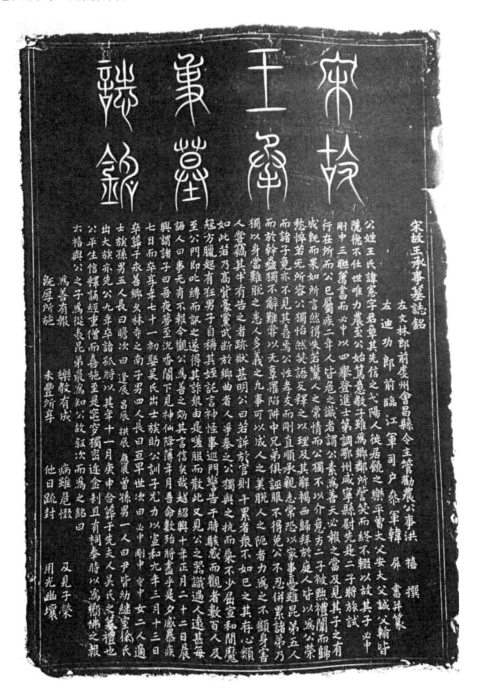

三十五、宋張公羡墓誌　紹興十九年（1149）十二月二十四日

額正書：宋故張君墓誌

成州栗亭縣泥陽鎮居止清河郡職醫張君，先考／諱□，字公美，元祐甲戌正月念九日生。其為人也，／剛正而辯，世業醫術，博施濟眾，不二其心。教子治／家，率近於義。公侯大臣之門，常常見召。與為／詠治，預告死生，皆如其言。紹興丁卯十二月初二／日，酒病終于家，其年五十有四。娶辛，未生。何氏子／男四人：曰經，曰緩，曰緯，皆習醫；曰綬，習進士業。孫／男四人，孫女八人。諸孤以其年十一月十二日壬／申，葬于小泥陽之原。先姊何氏，紹興己巳十二／月十三日逝，享年五十有九。於是年十二月念四／壬申日，合葬于／先人。嗚呼哀哉！小男綬號痛泣血荒塞而誌。／長男經書丹。／

紹興十九年十二月念四壬申日刊石。

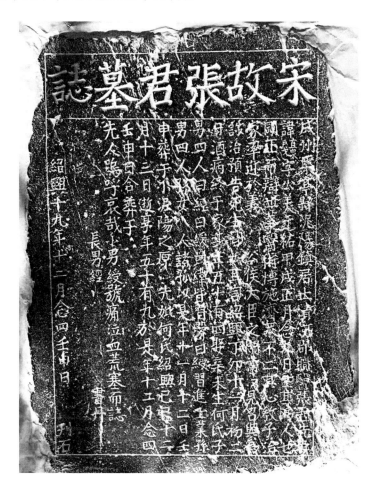

三十六、宋黃氏墓誌　紹興二十五年（1155）九月十七日

額篆書：宋黃氏墓

宋故黃氏墓誌銘 /

先兄子亘継室黃氏，角莒人。父天貺唯一女，久擇對。 / 予兄偶失配，從娵中有彼表姪者，因道其姑善家肥。 / 天貺聞其賢，遂許之，年二十六而歸奉先妣為冢婦。 / 静專寡言，事夫如禮。率勤儉，親蠶織。建炎間，兵盜焚 / 盡累重，各買宅異處。未幾，先妣於予家終上壽，而兄 / 継厭世。君孀居，家事悉任子婦，乃營新室，晚節裕如， / 四姒中獨優也。紹興乙亥六月初六日，終于寢，享年 / 七十有二。越九月十七日，葬所屈南山之陰。男五人： / 孫佽娶甘氏；侃、攸早卒；仙服勞，佐兄勠力生事；光遠 / 篤孝，久籍棲真，師范次房，黃冠中可人也，佗日必嗣 / 其業。女三人：孟適黃汝霖，皆亡，甥崧年孤立；仲適虞 / 文懋；季適王超，喪夫，孫男顯祖、從學、遠日孤。姪佽並 / 光遠過予，泣曰：「先妣卜葬有期。」屬予實叙平生，以誌 / 于墓。謙感傷而銘曰： /

寡言專静，旣壽且康。其銘孔約，厥後永昌。

宋黄氏墓

宋故黄氏墓誌銘

先兄子宜子總室黄氏角蕎人父天現唯一女父擇對

予兄偶失配從娉中有彼表姪因道其姑善家肥

天現聞其賢遠許之年二十六而歸奉先姪為家婦益焚

静專蓴奠言事夫如禮舉勤倫親蚕織建炎間兵益焚而兄

盡累重谷買宅異顏未幾先姪乃於予家終上壽而兄

繼厥世君優世紹興乙亥六月初六日終于寢耳年

四妍中獨屋家畫盎任子婦乃營新室晚節裕如

七十有二越九月十七日葬所屆南山之陰男五人

孫佐婆甘氏侃倣早卒佃服勞佐兄戮力生事光遠

篤孝幺女藉棲真師范次房黄冠中可人也佗日必嗣

其業季適王超袞夫孫男顯祖從學遠日孤姪佐其

文懟李適王超袞夫孫姪有期屬予實叙平生以誌

于墓遠過予泣曰先姪卜葬有期屬予言叙平生以誌

冥言專静之既壽且康

其銘孔約

厥後永昌

三十七、宋祝珍墓誌　紹興二十九年（1159）十一月四日

額篆書：宋故祝承事墓誌銘

宋故祝承事墓誌銘 /

陳彥才刊。 /

進士歐陽舜臣撰。 /

右迪功郎、前徽州黟縣主簿、管學事馬鎛書并篆。 /

僕偃蹇場屋，老且未遂，故以其業售于鄉里。紹興己卯春，假舘橫溪祝 / 公國寶之門，俾子姪就講肄。夏六月，國寶感疾，至閏月乙卯卒。其子發 / 一日以狀泣而告曰：「先考歸窆有期，念無以誌諸幽壤，君盍為我銘之。」 / 義難固辭，謹摭其實以叙之。公姓祝，諱珍，國寶其字也。世居信之鈆 / 山，三代皆隱德不仕。國寶生而穎悟不群，暨長，以恭儉為心，不事奢侈。 / 明白圭治生之術，相其父以營產業。每竭其力，雖耕耘細務，必親董之。 / 公家之幹，率以身當，未始辭勞。由是，蓄積益厚，田疇益增。不數年間，遂 / 致饒衍，視其先為有光。今户為鄉里之甲，皆國寶力也。及丁父喪，哀毁 / 過情，葬送如礼。旣而居長，領家事益勤，經畫不為私計。奉孀親，友諸季， / 內外懽如，略無間言。鄉黨咸以純德稱之。酷好儒業，暇日嘗誡諸子姪 / 曰：「尔等宜篤詩書，親筆硯，為異時門户之光。」而又天資仁厚，尤喜周人 / 之急，有不足来告者，必推其餘以濟之。晚喜西方教，誦佛書，持十齋。先 / 是，其父欲鼎新龍山寺三門，功未集而卒。國寶忽悵然曰：「祗述父事，實 / 人子職。況此佛因，吾其可置乎。」於是命工聚材，成於不日，輪奐一新，炳 / 然可觀。非惟克終先志，抑見其奉親之誠有加無已。及病且亟，自謂不 / 起，命其家人曰：「吾壽止此，無他憾。所不足者，母老不能終養耳。汝曹當 / 盡孝欽，毋貽老人憂。」言訖而逝，享年五十有五。娶余氏，男女二人。 男曰 / 發，忠厚純謹，不忝似續。女適進士周南英，有凌雲志，真良倩也。男 孫三 / 人：曰壽、曰欽、曰明，方就師傅。女孫一人，適楊山，亦賢士也。將 其年冬十 / 一月甲申葬于所居之前山曰楊師原，從新阡也。銘曰： /

猗歟善人是維祝公，事親克孝待人以恭。夙相乃父獨振其宗， / 樂教子 姪篤存士風。仁者宜壽遽尔云終，銘諸翠珉福慶高崇。

宋故祝承事墓誌銘

進士　歐陽鐸舜臣書并篆
陳秀材撰

僕僵蹇場屋老且未遂故以其業售于公國寶之門俾子姪就講肄與己一日以狀泣而告曰先考諱念夏六月乙卯卒其子發義難固辭謹撫其實以歸生而穎悟不群感至圉且明白三代皆隱德而居長以戶為產業每甲畫皆不為私計日尊政家衍之幹以身當先既有光今辭勞由是之蓄益尊田耕耘過情讙蕣送如略無間言筆硯之光西方教誦佛書述父實內外摧如宜篤詩書者少推其門功以集濟之脫喜而儒業資仁之急有不足未告者親其三門置乎於是命之誠有加無已是其父欲況此惟克終先志抑見其奉親之工聚材成於不病且眼人子可其親非人老人曰壽止而他懷而誠男女二人起孝欽尊毋貽不克家人吾見終壽言訖其進年五十有五娶余氏盡忠專統欽曰歆日明方就師傳山曰楊師原英有凌雲志士發忠專善存士風女適進士一周南楊山亦銘士一月甲申葬于所居之前山曰克孝待人以恭終銘諸翠珉福慶樂教子姪篤存士風仁者宜壽遠尔云　銘曰為父獨振其宗高

三十八、宋陳必元壙記　　景定元年（1160）十二月九日

額正書：故陳君壙記

先君姓陳，諱必元，字亨伯。居豫章進賢之雙頭。髙／□□曾祖彥文，父雲，母萬氏。君娶于羅，生男一夔。後娶□□，生男一德、一俊，女三娘。一夔、一德皆已成娶，俱有／□焉。一俊、三娘猶未有室家。先君早喪父，長而知書，頗聰明，識道理。為性剛直，處事公平，語言無妄，喜怒有節。／其立身可謂謹矣！經營生理，朝夕不暇，世故艱難，歷盡／多少。其□家可謂勞矣！侍奉慈母，惟恐不恭，謹終追遠，／尤盡其誠。其事親可謂孝矣！視兄弟如手足，每念維持；／以族屬為骨肉，常相互親愛。其處兄弟族義可謂□矣！治／家以嚴，凡事有條，訓子教孫，待之如一。遇酒逢□，亦喜／吟詩歌曲。待人接物，春風和氣。為人謀事，未嘗不忠。與／朋友交，言而有信。生平如此，是以無淂而議之者。夫何／天奪吉人，一疾而終。生於慶元庚申二月十五，卒於景／定庚申四月十四，葬于是年十二月初九良日。／

一夔、一德、一俊之不肖，未能乞銘于當世之大手筆，謹／述其槩，以識諸幽。孤子一夔、一德、一俊泣血拜書。

三十九、宋范四娘墓券　　乾道五年（1169）二月

額正書：故范氏墓券

天帝告下土塚中王氣五方諸神趙公明等：豐 / 城新田黃彥球妻范氏四娘年六十二，生治清真 / 之氣，死歸神宮，翳身冥鄉。昨用錢万貫，向開 / 皇地主边買淂甲乙丙丁四止內，枕戌乹山趾 / 辰巽陰地一穴。辟斥諸禁忌，不淂妄為宮宎。當 / 令子孫昌熾，文詠九功，武僃七德，丗丗貴旺，与 / 天地無窮。一如告下。 /

青龍秉氣，上玄辟邪。 / 朱雀延軀，虎嘯八垂。 /

己丑乹道五年二月記。

四十、宋黃七娘地券　乾道八年（1172）九月六日

維皇宋乾道八年太歲壬辰九月一日丁卯朔／初六壬申良日，即有大宋国江南西道建昌軍／南城縣可封鄉修仁里新城保殁故亡人黃氏七／娘，丙戌生，行年六十七歲。天限已終，命歸冥路。先用／錢九万九千九百九十九貫於地名余家源口謌場□／開皇地主邊買得坤向地一穴。其地東止甲乙，南止丙／丁，西止庚辛，北止壬癸。上止青天，下止黃泉。各占一百二十步，／中作亡人陰宅。千年不移，万年不動。蔭益兒孫，代代／富貴不絕。下界尅神故氣，不得爭占。如□□違，／份借王子橋、赤松子交刀寸斬。保見人歲月主、／當日直符，書契人女青。依准／玄都□書律令。

四十一、宋吳民墓記　　乾道八年（1172）十一月十九日

額正書四行：宋故 / 居士 / 吳公 / 墓記

公諱民，字元餘，世居饒州安仁縣崇德鄉上連。曾祖 / 諱夲，祖諱祥，考諱詔，皆隱德不仕。公生平天資和樂，/ 操履端方。自兒時人皆偉之，曰：「此兒奇肜福艾，異日 / 必大門户。」自公考棄世，兄弟守業，日益不振。継以寇 / 攘，生事日削。公自分拆以來，早夜以思曰：「無墜我先 / 人基業。」所居當江浙水陸之衝，泛滄江萬斛之舟，得 / 年饑賤，子之術由此資夲。既而所植駸駸，生產連千 / 鉅萬，家遂益饒。惜乎天不假年，偶嬰微恙，終于家簀，/ 得年六十有五，实乾道六年八月二十有七日。娶黄 / 氏，賢淑。子男五人：長曰光大；次曰昕，後公一年卒；曰 / 珪、曰光朝，與其長篤行儒雅；季子曰璋，經明行修，人 / 皆奇之。女二人：長適臨川進士陳堯道；次適同郡進 / 士馮舜舉。孫男十人：曡、昺、昂、昂、昱、景、旦、曬、暄、晟，向學。/ 女孫六人：長適貴溪馮叔琮；次適金谿洪璠，例業儒；/ 餘尚幼。曾孫男女三人。以乾道八年十一月甲申，葬 / 公于崇德鄉洪峕之南龍潭原。前期，孤子長曰光大 / 以狀乞書平生大槩，以鑱幽曠，記其歲時。予與公傾 / 蓋如故，為莫逆交，知公行尤詳。嗚呼！推賢揚善，固亘 / 有後。公之慶流緜遠，其有後也亘矣。於是乎書。乾道 / 八年壬辰九月二十七日，右宣義郎致仕桂大節記。

宋故居士吳公墓記

公諱民宇元餘世居饒州安仁縣崇德鄉土連曹祖
諱本祖諱祥考諱德皆隱德不仕公生平天資和樂
保護端方自現時人皆偉之曰此兒奇屌橋艾異日
火大門戶自公考妹世兄弟守業日益不振雖以思曰無墜我先
事目削公眉分析以未景以志
人懷幾聚于
基業所居當江浙之衝泛
年隱家遂益饒惜乎天不假年偶嬰微恙薾生蓋
得回光朝與其長篤行儒雅李于曰璋經明行修
之貧版于男五人長夢昂昴昱景旦曜吔展自學
士馮舜舉孫六人長暈昴
女孫幻曾孫男女三人以乾道八年十一月甲申葬
皆奇人之女二人長適臨川進士陳光道次適同郡進
公子棠德鄉洪黹之南龍潭潭前期孤子長曰光大
以狀乞書為誌延交知公行屯詳嗚呼惟賢揚善國宜
有後公嗚薾度流縣遠其有後也宜失於是乎書乾道
八年壬辰九月二十日古宜義郎致仕桂大節記

四十二、宋康氏墓誌　淳熙三年（1176）九月三日

額篆書四行：宋故 / 康氏 / 夫人 / 墓誌

宋故康氏夫人墓誌銘 /
迪功郎、前辰州知錄、主管學事張逢吉撰。 /
從政郎、知武剛縣、兼勸農營田公事、主管學事董如崗書。 /
迪功郎、前橫州軍事推官、主管學事姪進士陳京篆額。 /
夫人姓康氏，其先蓋漢康稚圭之後，世為撫之崇仁人。紹興佃□□崇仁□□ / 建樂安縣，今為樂安人。夫人性良淑，事母曰孝聞。十四歸于楫祖，□□字傳 / 道。事上撫下，薦蘋蘩，共祭祀。內修女職，外奉酒漿。害女紅者，未嘗為其所行。 / 暗與訓誡合，得古烈婦體。鄉女則之，莫有及者。夫人之善行大者三：一曰孝；二 / 曰慈；三曰好善。其孝也，移母曰事姑，里閭翕然稱孝婦。其慈也，未嘗聞叱吒聲。 / 其好善也，饑則濟，樂則施。或建佛像，或營道宇，或度緇黃，或裝神相。功德種 / 種，未易殫言。自歸大父，未三十而寡，寡六十年，守志不嫁。初生男二人，未娶 / 而卒。次曰璉，幹蠱用譽，娶吳氏，先夫人沒。女二人：長適進士鄔朝英；次適康。 / 孫男一人，生七月而孤，在童稚有成人躰。迨長，克家好學，其所師友皆第一 / 流，應進士舉。夫人嘗語人曰：「大吾門者，是此子也。」孫女五人，三人適進士： / 曰游；曰程；曰吳。其幼，未許嫁。夫人雖早寡，罹世孔棘，治家有濟。沒之日，家肥扵 / 前半，貫朽粟腐，浩乎其不可量，斯善行之報也。乾道昭陽大荒落天呂白月前 / 卒，享年八十有久，無苦疾而瞑。孫楫盡哀括髮，禮弔臨者無不惻怛，痛疾如喪 / 其母焉。淳熙三年柔兆涒灘無射月乙巳，卜葬于崇仁之青雲鄉曾定原。襄 / 事前一月，其孫狀其行，泣來告曰：「痛念吾父與足下為文字契，楫又因父乃□ / 足下。足下其勿固辭，為吾祖母銘。」義不得辭，謹以其行誌而銘之。銘曰： /

夫人之德，川流雨澤。夫人之名， / 山高水□。有孫肖父，承家幹蠱。 / 日引月長，大其門户。翠巖有石，斯銘可刊。藏之千載，松竹檀欒。

陳志達刊。

四十三、宋黃一娘地券　　淳熙六年（1179）九月一日

維皇宋淳熙六年九月一日丙辰朔，即 / 有大宋国江南西道撫州金谿縣帰
鄉十二都豪居上保信女黃氏一娘，因往南山採藥，路逢 / 仙人賜藥一盃，大
醉而傾。今僃銀錢二千五貫，/ 与開皇地主買地一穴。東止甲乙，南止丙丁，
/ 西止庚辛，北止壬癸。上止清天，下止黃泉。作 / 万年金壙，永蔭子孫，代
代不絕。/

書人張堅固。/

牙人李定度。/

急急如律令。勅。

四十四、宋汪杞墓誌　淳熙十年（1183）十二月十二日

宋故朝散大夫、韶州太守汪公墓誌銘 /

龍圖閣學士、太中大夫、提舉江州太平興國宮、賜紫金魚袋韓元吉撰。 /

朝奉大夫、簽書鎮南軍節度判官廳公事、賜緋魚袋王允恭書。 /

公姓汪，諱杞，字南美，徽州婺源人，唐越國公華十四代孫。曾祖惟良。祖叔漸，累贈奉議郎。父路，登紹聖四年 / 進士第，官承義郎。以公貴，累贈銀青光禄大夫。公少穎悟過人，登建炎二年進士第，由迪功郎八遷朝奉 / 大夫。職自南康軍法掾、崇安縣丞，連宰安仁、南豐、玉山三縣，繼倅肇慶府，權知英州。逮除韶州，公已無意 / 仕宦。上章丐閑，遂五主眞祠，致仕。其始終履歷如此。公平生剛正，三治大邑，所至稱治，號為吏師。愛民以德， / 御吏以嚴。撥繁剗劇，不畏強禦。興學校，厲風俗，勸農桑，修水利，不可殫舉，有古循吏風。南豐有宿寇張小哥 / 為民害逾二十年，公請于帥司，發兵督戰，一舉而空巢穴，百里歌之。縣當閩廣之衝，往來病涉，公創石橋， / 長五十丈，闊一丈一尺，以便民，民號為汪公橋。諸司以治績顯著，奉詔列薦于朝， / 上送中書，籍記姓名。紹興間，名德如大丞相汪伯彦、張浚，鯁正如臺諫魏矼、羅汝楫，首章交薦，至舉改官，陞 / 擇清要，凡四十九人，皆一時重臣。初，銀青公尉清江縣，時左司黃誥喜其為人天眞清白，酷似陸景倩，命其 / 堂曰眞清，且賦詩。及公入仕，所至公宇，必以「眞清」扁之，自號曰眞清翁。晚退居幾兩紀，淳熙二年十二月十 / 七日立春節， / 天子肇講彌文，慶 / 光堯太上皇帝之壽。以公與光堯龍飛榜登第，特進一官。制詞略曰：爾以經術詞章自奮，當建炎中興 / 之初，對策明廷，首副詳延，服勤王事，逮今四紀。乃親遇殊常之典，是宜有以旌寵。特授朝散大夫，賜服 / 金紫。是時，獲此恩者三四人爾，天下榮之。曾擇勝地曰獎山，預營壽藏，立亭曰望闕，示生死不忘君之義。創 / 庵曰慶恩，侈上恩之優異。効陶潛作《五柳先生傳》，自述入仕始末一秩，號曰《眞清翁筆録》，詩文雜著三百 / 餘篇。淳熙十年正月八日，終于正寝，享壽九十有三。妻黃氏，封宜人。男三人：邦俊，迪功郎；邦直，旨遺澤補官； / 龜齡，舉進士。女三人，適望族。孫男七人：詠、謙、諤、該、誼、調、訓。孫女七人，三適名家，餘在室。曾孫男三人，曾孫女 / 二人，皆幼。諸孤以其年十二月十二日壬申，奉公歸窆。邦俊曰：「古云：龜言從朝，筮言從市。五百年間，於此見 / 矣。陵谷變遷，庸詎知無五百年之

見乎！」 泣血求文於予以識之。元吉與公為同寮，又有姻黨之契，知之最／詳，無得而辭。銘曰：／

　　後崗前道，左源右淵。眞清之兆，聞風凛然。

四十五、宋徐氏墓誌　淳熙十六年（1189）正月二十八日

額正書二行：宋徐 / 氏墓

夫人徐氏墓誌銘 /

迪功郎、新南康軍軍學教授危科撰。 /

夫人徐氏，豐城諱庭秀之女孫，莭之妻，元老之母也。元老自幼有聲山閭里，以 / 嗜學之酷，信耳聞，遠去侍傍二百里而從予遊。歲半纔一淂，安問其餘，罔聞知 / 後有報。夫人不豫，元老亟歸，未至而訃音至道間，以故不淂一訣。其母之死，予 / 之虛名誤之也。將以淳熙己酉正月己未，葬夫人于高坑之陽。元老猶走書來 / 乞銘曰：「家人言夫人將棄諸幼時，先往寧其母。適母氏已擇美櫝為具，未塗以 / 髹。夫人亟請治之，事竟，喜津津見顏面以歸。其後卒，貸是棺以斂夫人，盖知之 / 矣。惟不肖嗣元老以夫人方富扵年，無恐懼，不敬不戒，以至於此。加之被疾之 / 日，夫人一委於数乆，不就醫藥。既亟，又不肯為緒言遺令。問之力，則曰死而死 / 耳，何以言為。使元老得在傍，以子愛勉進湯劑，冝聽。家人若問，元老在遠何如， / 亦或有念子之一二語。今皆不一得，惟早夜不敢忘罪，願有以刻諸幽以誌。元 / 老終天之痛，若夫人之族世與行與年，則有里人范宣子之狀在，先生毋複書。」 / 遂用是為誌而以其德著之銘間，銘曰： /

以慈祥之性，生名德之門。克配奉議之後，玉隱之孫。上事 / 重堂，禮亦勞矣。而婦道周竟，闔門四百指，族亦夥矣，而人 / 無間言。儉而極奉賓之具，貧而有賙人之恩，謂克有報，而 / 竟無年。幸哉其有子如此，夫人其已沒而猶存者乎！

宋徐氏墓

夫人徐氏墓誌銘

迪功郎新南康軍軍學教授卷　　　　科　撰

夫人徐氏豐城譚廷彥之女孫節之妻元老之母也元老自幼有聲出閭里以
嗜學之餘信互聞遠近侍傍二百里而俟予遊歲丰績一得安間其徐周聞知
後有報夫人不豫元老亟歸未至而訃音至道間以故不淂一訣其母之死予
之遽名諽之也將以淳熙己酉正月己未葬夫人于高坑之陽元老猶走書來

乞銘曰家人言夫人將藥諸幼時先往寧其母適母氏己擇美檟為具未塋必
矣惟不肯嗣元老以夫人方冨挭卒無恐懼不戒不戒以至於此加之校有疾之
曰夫人一委於數率不就醫藥託巫又不肯為結言遺令則曰死而死

耳何以言為使元老得在傍以子受勉遇湯剤亘聽家人若間元老在遠旬如
而或有念子之一二諿令皆不一得惟早夜不敢忘罪頸有以刻諸幽沱旬尤
老終天之痛若夫人之後世與行與亏則有里人苑宣子之狀在先生母複書

以慈祥之性生名源之門克配奉議之後王隱之孫山事
重堂禮帀券矣而婦道周竟闓門四百指蔟亦戮矣而人
無閒言倹而極奉實之具質而有餝人之恩謂克有報雲
竟無年幸哉其有子如此夫人其已没而猶ヶ

四十六、宋左氏地券　　紹熙元年（1190）十一月四日

額正書：宋故左氏地券

　　皇宋紹熙元年庚戌歲十月一日壬午朔初四日／乙酉，孝夫范子超，孝男子才，新婦方氏七四娘，／孝女十七娘，孝孫大洪、大冨、大方，一幼未名，女孫一人／尚幼。一宗孝眷敢昭告于塘边山神日：／念昔先妻左氏二娘享年五十有八，不／幸於今年二月三日感疾，終于此地。其山／上合天時，下合地利。丑艮行龍，亥山作丙向。東／止甲乙，南止丙丁，西止庚辛，北止壬癸，其中永為亡／人墓宅。在此四圍之中，或有呵護邪妄来争占／者，惟神殛之。如子超春秋祭祀，岡敢轍昧于／神。故兹以銘。急急如玄女律令。／謹券。

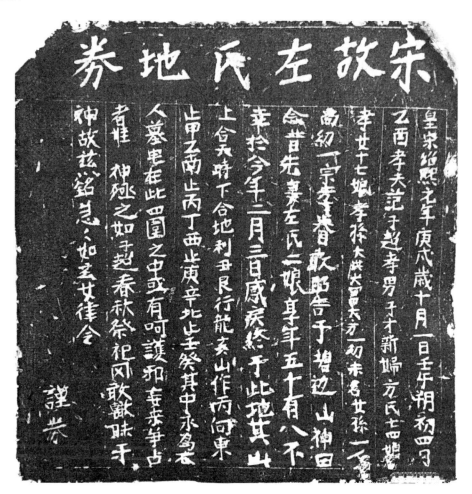

四十七、宋孫杶墓誌　庆元六年（1200）十月十九日

額隸書四行：宋故／孫伯／材墓／誌銘

宋故孫伯材墓誌銘／

再從兄熺撰。／

慶元丁巳春，再從弟伯材來北窻問業於余。時言者病士習浮靡，欲進以實學輩。／流講肆爭，以名教相高，伯材每於從容間已窺其槩，余固心許之。及睹其文少疵，／類有格律。既而沉浸搜討，日就增加，益知伯材之善學也。居再歲，忽覺其氣貌日／懕，不類平時。問之，以疾告且歸。越一歲，竟以是疾卒。嗚呼！夫人安於既足，則雖有／其姿，末如也。今伯材慨然策厉，以淑其身，其成德可知已。而夺以不寿，天邪人邪！／己未孟冬，余方治塵庋，得伯材文藁數篇。於是伯材死踰三月矣，手之為流涕。時／而葬焉，禮也，為銘以哀之。謹按伯材諱杶，姓孫氏，豫章豐城人。皇曾祖諱復之／曾孫，從祖諱侯之孫，叔父涓之子。伯材生而叔父以訾冨，又最幼，子愛之。／延禮名士，俾禀其誨，故伯材得為良子弟。初伯材之疾既有間矣，會仲氏伯盛卒／且葬。伯材悲愴不勝，且為董凡役事，疾再作，遂不起。叔父白首而三哭其愛子，／東西行者助其哀焉。伯材壽止二十五，娶方氏。子男二人：長曰文孫，甫三歲；次未／名。伯材卒，乃生女一人。惟伯材之藝能，余知之悉也，故不待叔父之命而銘／之，以待其窆而刻之。其詞曰：／

苗春萌兮決湍注，志方銳兮歲不與。／鬱沖襟兮藏後土，勒斯銘兮詔千古。

慶元庚申十月壬寅，始克葬伯材于梨塘別業之里，去所居七里而近。先是，／從兄伯隆惜伯材之早殞，為文以弔之，將以誌其墓。至是，從兄端憂，不得既／其辞。而伯材之家亦凶聞荐至，嗚呼！死者诚悲也，而伯材可悲甚也。伯材未／死而哭其伯兄，又哭其仲兄。未葬而失其父，又失其幼子。今夫人之勉其類，／以召祥去異者。必曰為善若伯材父子，皆恂恂如也。而報應如此，造／物者其可問邪！為之悲惋且嗣識之，再從兄默記并書。友人李興伯填諱。

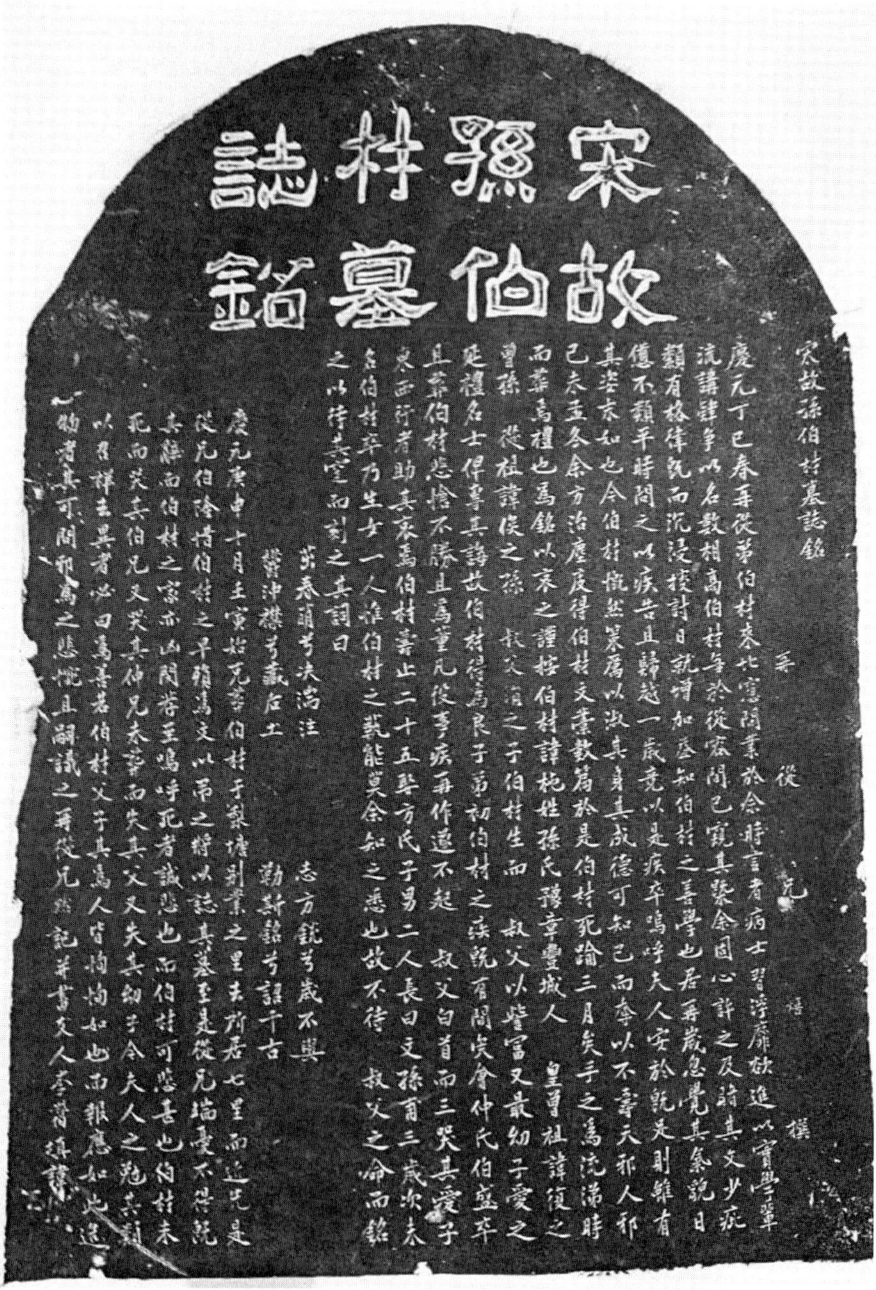
宋故孫伯材墓誌銘

四十八、宋吳氏墓誌　嘉泰元年（1201）八月二十五日

額篆書：宋故吳氏夫人墓

維嘉泰元年八月丁酉越二十五日壬寅，孝男戴師周、師 / 孔謹昭告于西坑山神之靈：先妣夲青雲石坑人也，父姓 / 吳，諱植，字正卿。子女四人，先妣居其長。於紹興甲戌歸于 / 塘塍配父戴君諱喞永字德修，乃先公景臣之長子也。先 / 考不幸早世，葬之日，主事皆出於先公。師周兄弟年㓜，未審 / 當時塚中有無銘券。今將先妣附葬，不敢開槨以見其 / 實，敢併書之。夫先考生於紹興癸丑，有生以來，天姿食素， / 不沾葷味。性善，少好學，遊郡庠有聲。至紹興庚辰，享年二 / 十有九而終壽。至次年辛巳十月，卜葬于西坑。先妣痛念 / 夫婦方十年，中折其偶。於是守義，奉事公姑，撫育孤遺。師 / 周兄弟少長，隆師誨之義方，少知禮教者，皆母之力也。徐 / 思之先妣受寡四十有二年，為婦之貞潔如此，雖僭擬乎 / 共姜也何愧。師周兄弟年未及笄，又告先公，各為主婚。師 / 周娶早陂范氏，生男孫四人：長孫名曰謙孫，新婦前坑胡 / 氏；次法號睎悅，為僧安源；又次名頤，議婚鐸原朱氏，未娶； / 又次名履，方學未婚。弟師孔娶湖邊曾氏，生男孫一人，名 / 曰豐，議婚同造孫氏，未娶。曾孫一人，八乙，尚㓜未名，廼長 / 孫謙之子也。吁！先妣生於紹興辛亥四月二十四日丑，卒 / 于庚申慶元陸年六月二十七日辰，享年七十，遽終其壽 / 焉。今卜嘉泰元年八月二十五日壬寅，合葬于先考墳之 / 左，來山正坎，坐午向元辰午。水歸丙歸酉，巳巽長流。惟賴 / 神靈昭鑒之，以保我子孫昌盛焉。 /

嘉泰元年八月日，孤哀子戴師周等謹券。

宋故吳氏夫人壙

維嘉泰元年八月丁酉越二十五日壬寅李男戴師
孔謹昭告于西流山中之靈先妣本青家左娍氏父諱
吳諱禎字正鄉子女曲人先妣是費長孫翁與甲戌歲市
塘壩配父藏君婿乘布德俗乃先長子也題克亦元市
考不幸早世之日孝事皆出於先公師用兄弟年幼亦未
寶歲獻書之夫先慈生於紹興辛有聾里與長享年一素
客當時中有無慰令先妣間壽不取辦衙以尖其扁念
十有先而終考旦次年辛巳十月小葬于西坑尤孤篇素
夫婦方十年中折其偶於是宇義奉公姑地者孤道師
同兄弟少長隆師海之義方以知禮教者皆母之久徐
思之先娀受襄四十有二年為婦又未及牢又告先公各為主婚師
共姜也向毘師周兄弟四人長孫名曰譯新婦葡胡氏
周娶早陵范氏生男孫名頣議婚鉅原朱氏夫婆
氏次茔殖晊悅喬僧安淳又次名通邊曾氏生男孫一人名
又次名履方學未婚娶孫氏未娶曾孫一人名長
曰豐議婚同造孫氏未娶曾孫一人八乙尚幼夫名區長
孫議婚于也呼先妣生于紹興辛亥四月二十四日丑辛
于庚申慶元年六匱元年八月二十七日壬泰
為今卜嘉泰元年丙歸酉歸長壽墳之
孫議之于此非午水向元辰午向
八茶山正玫年向子孫昌縻焉日孤哀子敬師迈畔謹券
神靈昭母之以傣載子孫昌縻焉日孤哀子敬師迈畔謹券

四十九、宋聖任聖和之母地券　嘉泰三年（1203）正月二十二日

維皇宋嘉泰三年正月朔辛未越二十／有二日壬辰，孤哀子聖任、聖和敢昭告于桐／崗之山神曰：聖任等釁積久鍾，上延所恃，迺／先妣於慶元庚申秋七月奄弃侍養。日月不／居，倏經三載。惟茲土盤礴載厚，卜者曰：葬／是宜子孫。敬窆我先妣夫人之宅于茲，其山坐／丁向癸，水順乙流。咨爾守封之神呵護不祥，／毋彼侵冒靈寢。則春秋祭祀，爾神其從与／享之。謹告。

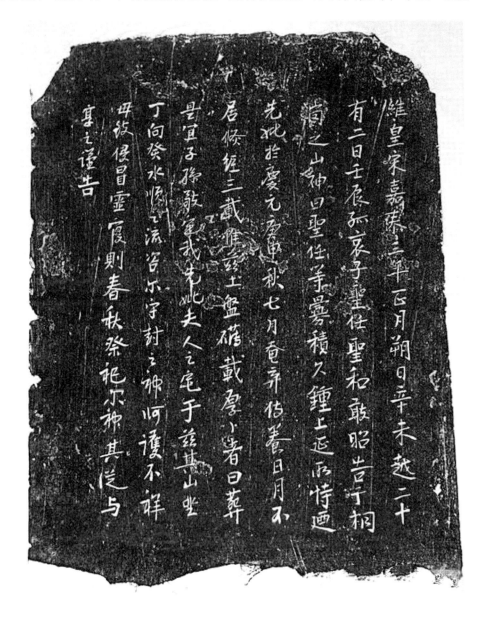

五十、宋周權墓誌　　嘉泰三年（1203）十二月二十六日

額正書四行：宋故／周居／士墓／誌銘

宋故周居士墓誌銘／

親末府學教諭熊宣卿撰。／

文林郎、前江州瑞昌縣主簿林垌書。／

宣教郎、差充淮南路轉運司幹辦公事趙汝薈題蓋。／

嘉泰三年癸亥十一月二十四日，周居士示微疾而終，得年九十有一。／以是年十二月二十六日庚申，葬于章岡之原，從治命也。前事之日，其／孤彬来丐銘。旣姻舊獲愛，不可辭。居士諱權，字平仲，其上世臨川。於五／季徙于豐城之別墅，故今號周莊也。曾祖本，祖順，父夫祐，悉有隱惪。／然居士美豐儀，重然諾。事庭闈曰孝，待姻族曰禮。延儒以誨子孫，與物／無競，而鄉黨敬慕之。至於奉緇黃，喜讀其書，曰資治身養性，不為無得／焉。而暇日交接賓友，語笑有味。是以淮西提舉趙公無咎忘其宗英／之貴，凡見居士，必待以異禮。曰：「善人也。」嘗題其肖像，有「一鄉之善士，十／室之忠信」之語。在居士，則無愧焉。居士娶張氏，先五年而卒，今復合／塋。／子男二人：曰彬；曰誠。女一人，適江守能。孫男六人：長曰召，預待試國學／選；輝、炳、楫、煒、鑑，俱克家。孫女八人，並適望族。曾孫十四／人：之俊、之／奇、之秀、慧才、之邵，皆有志于學；餘未名。曾孫女十人：長仲並妻進士；餘／在室。元孫女三人。噫！古有所謂隱居不得位以施其志，而澤流於其鄉者，／舍居士其誰歟！銘曰：／

於平周宗，支庶蕃衍。迨反其身，幅之曰善。／溫慈寬厚，有蔚其馨。乘餘不爽，天與遐齡。／窆于章岡，山奇水秀。我尸銘之，慶流厥後。

劒江蔡俊刊

宋故周居士墓誌銘

宋故周居士墓誌銘 　　　　觀 府 學 諭 　林 蕭 撰
文林郎前處州路轉運司榦辦公事趙蕃 題蓋
文林郎前處州路瑞昌縣主簿 林 煦 書

嘉泰三年歲次十一月二十四日周居士示微疾復原終得年九十有一
以是年十二月二十六日頂申葬于章岡之原從治命也圓車之月其
孤彬來寫銘既畢以不可辭違士譚權字平仲其上世臨川蘇五
季徙于豐城之別墅故今居號周祉也曾祖本祖順人夫祿惡有陽愿
於居士美手儀重然諾事閩目孝待姻娥曰愛以誨子孫俾隕物
無趍而鄉置散慕之至於奉繼車庭讀其書讀書不為無得英
之貴凡見居士則兵昆焉居士娶張民先五午而卒今邃合壁
爲而暇日文接賓交語淡有味是以進而提舉趙公無客生不為無得
子男二人曰彤曰誠女一人遹江干能孫男六人長曰召禎待武岡子
選次曰諄桐橫庳鑑俱克家孫女人八入曰邁崖楮曾孫十四人之俊之
奇之秀甚芽之郡皆有志十學矣未名曾孫女十八人長仲革妻進士徐
在寶元寀孫女三人昔古所謂隱居不得位以施其志而澤流於其鄉者
合居士其誰�銘曰

　于平周宗支庸藹行遹及其月幅之巨善
　溫慰覺厚一有蔚吾馨乗餘不褒　天興避然
　空于章岡　山奇水苤　我尸銘之　慶流殿後

五十一、宋曾氏地券　嘉定元年（1208）十月二十六日

額正書：地券

維皇宋嘉定元年歲次戊辰十月二十／六日壬辰，隆興府丰城縣冨城鄉嚴橋里／孤子嚴克勤、克明等敢昭告于蕩坑山之／神曰：今卜以我先妣曾氏夫人靈柩来葬／此地。其山坐則乙辰，向則辛戌。山揖水鍾，實天／造而地設，以待我先妣也。去家无百步之／遥，與先君之墳亦数尺之近。歲時祭祀，庶／幾无或先或後之差，惟神其鉴。只自今而／至千万年，永为吉兆，以福我後昆。其有木／妖石怪與凢諸不祥，神其殛之无失。謹告。

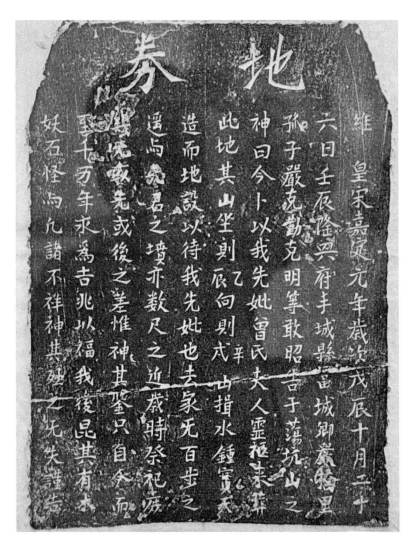

五十二、宋鄔邦達墓記　嘉定六年（1213）九月二十四日

額隸書三行：有宋 / 鄔公 / 墓記

　　先考諱邦達，字安道。曾祖霸，祖德，父旦，俱隱志弗耀。家 / 世陳留，遷饒之餘汗鼓步，至先考，蓋四世。族聚蕃衍，人 / 遂稱為鄔家巷。先考幼夘奇，長自力，以親命出贅于戴。 / 曰築屋大慈南之夫子里，積著既有經矣，然猶計研是 / 慕，賈櫂江湖，閱四十寒暑。繇是，家益饒。御內曰嚴，接外 / 以敬。喜為蕭事，修治衢梁，以濟不通。尤耆浮屠教，施琅 / 函，諗妙供，不知其幾。嘗於南塘精舍崇飾佛像，金碧輝 / 華，芞其大槩也。晚歲致家事，怡然閒適，迨一紀。人皆謂 / 先考之知足，能止如此。先考生於紹興之甲子，至嘉定 / 癸酉正月己巳，以微疾不起，享年七十。先妣戴氏茾先 / 考三十二歲而卒，先考繼室以曹氏。女一人，適進士龔 / 日新。孫男二人：悌哥、徠孫。元益兄弟終鮮，懅弗克畢大 / 事，以是年九月辛酉，忍死奉柩葬于所居之左洪子 / 山。敬錄其略，納諸壙焉。男元益泣血謹書。

宋鄒公墓記

先考諱邦達字安道曾祖霸祖德父□俱□□□□
世陳留遷饒之餘汗歙步至先考乃□哥長自力以親命出贊于黃
遂稱為鄒家巷先考別諭哥長自力以親命出贊于黃
日築屋大慈南之夫子里積著既有經典出猶計研外
以慕貫橋江湖閱四中寒暑絲是家益饒御內曰嚴接琅先
以敬喜為義舉修治衢梁以濟不通尤者浮屠教施琅
先函諼妙供不知其幾嘗於南塘精舍寶飾佛像金碧輝
考華老其犬槃也晚歲致家事怡然閒適殆一紀人皆謂
祭酉正月已巳以微疾不起享季七十先姚戴氏舟先
考三十二歲而卒先考繼室以曹氏女一人適進士冀大
日新孫男二人悌哥徠孫元益兄弟終鮮慺弗充軍大
事以是年九月辛酉忍死奉柩歸葬于所居之左溪子
山敬錄其略納諸壙為男元益泣血謹書

五十三、宋孫氏地券　嘉定十四年（1221）閏十二月二十二日

額正書：地券

皇宋嘉定十四年歲在辛巳閏十二月辛 / 巳朔越二十二日壬寅，孝夫余謙之謹昭 / 告于皇母坑山神之靈曰：繼室孺人孫氏 / 生于右族，資稟淑柔，自丹陽来歸，僅二十 / 年。相與勤勞，始終無倦。事舅姑以孝，處姒 / 娌以和。主中饋以勤儉，待內外以睦順。辛 / 巳三月，嬰疾以終。男四人：可宗、紹能、法宏， / 甘姓所出。女一人，适同邑丘止善。幼男丈 / 炳，生于余門。壽年五十有三。經營葬地，得 / 吉于茲。楊林之秀氣擁前，官坑之奇峯列 / 後。左揖仙山之勝槩，右迎雙髻之層巒。坐 / 甲向庚，水流辰巽。回環百畝，皆吾世業。惟 / 爾有神，冀護坵壙。呵禁不祥，使亡靈安處， / 福及兒孫。歲時来祭，爾神亦有所依。謹券。

五十四、宋龔五八公地券　嘉定十五年（1222）十月十日

額正書：宋故龔公地券

維皇宋嘉定壬午十月乙亥朔越初十日／甲申，孤哀子龔必文等敢昭告于黃栢源／東壠之山神曰：先君五八公世居隆興府／之豐城，鄉曰富城，里曰上村。生男二人：長曰／必文，娶同邑黃氏；次必政，娶靖安王氏。女／一人，出事與同鄉黃夢春。孫男一人，名文／廣。孫女一人，七二娘。先君生於紹興戊辰／之九月，卒於嘉定丁丑之二月。今將卜葬／于撫州崇仁惠安之黃栢，其山乾亥来龍，／申庚作向，山不潼而水不涸。維爾左右前／後之神擁護亡靈，以垂子孫不朽之澤。春／秋祭祀，爾神其從與享之。謹白。

五十五、宋符氏墓誌　嘉定十六年（1223）九月十七日

額篆书四行：宋故／符氏／孺人／墓銘

宋故符氏孺人墓銘／

從姪世修謹撰。／

甥玉牒趙継鈌題蓋。／

稱譽夫人三四德，曷若紀述生平之始終；叙列婦家之世系，曾如備著／克家之條理。孺人符氏臨川人，年及笄，歸于伯父章隱君諱方平字少／衡，迪功郎、贛州石城縣尉公之子。弱冠，得足疾，出入稍艱。其延師教子，／賓朋過從，觴詠終日。時余曾大父居重堂，盥飾之奉，孺人膺其任。伯父始／與先人析居，而未建第宅。不幸，淳熙丁未歲，伯父一疾終。孺人奉襄事／畢，乃鳩匠掄材，給勞工役，刱立堂宇，鼎然一新。二兒女遂婚嫁，皆孺人區／處。女一人，妻同邑玉牒廣澤。男立節，頗酗於酒，若與世事相忘，先孺人／十四年卒。於是頻鍾變故，家務稍繁，孺人隨事辦治而資產亦豐，玆非／克家者能之歟！孺人生於紹興癸亥，卒於嘉定甲戌，享年七十二。孫男／一人，名曰垕，自幼比長，固於痼疾。嘉定壬午之冬，亦竟以卒，故未能終／孺人之襄。垕之在生，疾未有室。世修爲垕從叔，情義所牽，不能自已。乃／爲之請于公，命継之子，曰戊孫。雖爲孺人之曾孫，然童稚未勘大事。世／修率從子姪，同孺人婿廣澤尅卜以癸未九月十七日丙辰吉，奉孺人／柩安葬于本鄉黃蘗原雙峰之陽。戊孫不能丐銘於士夫，以彰孺人之／潛德。從姪世修謹摭孺人生平之始末，用昭諸冥而為之銘。銘曰：／

班姬善文章，作女訓，為後來之則；孟光簪荊釵，具野服，髙良人之德。／

孰若孺人，蹇奇備歷。始焉來歸，能供婦職。／中罹變故，家道否極。孺人處之，隨事寧息。／生理復肥，伊誰之力。壽而考終，有始有卒。

宋故符氏孺人墓銘

從姪　玉牒趙　世修謹撰
甥　玉牒趙　繼鍒題蓋

攝醫婦人之四德葢若紀述生平之始終叙列婦家之
克家之條理德又符氏臨川人年及笄歸于伯父諱方平字少
卿迪功郎贛州石城縣尉公之子羽翼其任伯父始
賔朋過從簡諒終日時余曾大父居重堂盥匜奉孺人奉養妻
畢乃鳰正摛材給勞工役椅立堂宇鼎然一新兄女送媱嫁皆孺人
處女一人妻同邑玉牒廣澤男正卿頼酬于酒若與世事相忘无孺人
一人名曰凰自幼比長固于稠庆未有室世修爲室從权情義所牽不容目已乃
孺人之襄堂之欲孺人生於紹興癸亥卒於嘉定壬午之冬以卒故家終
克家者能之請于公命繼之子曰大孫雖寡孺人之曾孫然童稚末勤大事世
爲之諸于公命繼之子婚廣澤社卜以癸末九月十七日丙辰吉奉孺人
修厚從子姪同繼之在生疾未有室世修爲室從权情義所牽不容目已乃
十四年卒於甚頻鍾變故家務葢紫孺人隨事辦治而資産亦豐茲非
處家者能之欷顰孺人生於紹興癸亥卒於嘉定壬午之冬以卒故能終
克家葬于本卿黃藥源雙峯之陽戊孫不能弔銘以葢末用詔諸些而爲之銘曰
潛德微姪世修謹掖孺人主平之始末用詔諸些而爲之銘回
班姬擅文章作女訓爲家米之則盃光醬與戮其野眼高良人之德

始需歸能供婦職孺人處之隨事尊忌有始有卒
中壼灵姒菱奇備歷家道否極壽而考終
主理復肥伊誰之力　　　　有始有卒

五十六、宋羅氏墓誌　嘉定十七年（1224）二月六日

額篆書四行：宋故 / 夫人 / 羅氏 / 墓誌

予友饒厔信父盛年失所配，將葬，誘予識其墓。予與信父周 / 旋久，未嘗見其有內顧憂，知其內得良助也。則為識之曰：夫 / 人，撫之崇仁羅君容齋諱復之仲女。大父衍，故修職郎，常德 / 府司理參軍。曾大父彬，故承節郎，荊湖北路準備差遣。夫人 / 幼而慧，長而淑，父母鍾愛，為擇佳婿，遂歸信父。然猶不忍其 / 去膝下，就實甥館，而間使徃奉鹽匜。後計其不可終畐也，割 / 愛而遣焉。嫁以庚午，遣以丙子。遡其居父母家，如彼其久，則 / 情之所鍾可知已。夫人性謹願，惡聞人過，尤尚儉約，自奉亦 / 無華。勉夫子以學，事尊章以孝。友姒娌，恩臧獲，中外無間言。 / 夫人初嫁時，姑李夫人疾篤，速歸奉湯藥。李夫人一見而喜 / 曰：「真我家賢婦。」已而果然。屬得疾，每作步履堅楚，如是者積 / 歲。壬午秋，變為他證，信父與其父母悉力禳療。明年春，轉劇， / 竟不起。信父念之不已，遂卜其兆於長安鄉烏源嶺，距其家 / 二里，距李夫人墓一里而近，欲其便扵巡視也。夫人生扵壬 / 子之七月，歿扵癸未之三月。嘗生男曰麟，不育。女一人，曰寄， / 年十三。以甲申二月癸酉，奉其匶以藏焉。修職郎、隆興府豐 / 城縣主簿陳噲識，廣州增城縣丞陳元晉書并題蓋。

宋故
亦火
羅氏
墓誌

予友饒煇信父歲乍失所配將葬誌予識其墓予與信父周
旋矣未嘗見其有內顧憂知其內得良妃也則每識之曰夫
人極之崇仁羅君容齋譚後之仲女大父術故修職郎常德
府司理參軍曾大父楸故康節郎荊湖北路准備差遣夫人
幼兩慧長而淑父母鍾愛為擇佳婚遂歸信父然猶不忍其
去膝下就真覯館而閒使往奉盟匜後計其不可終畜也割
愛而遣烏嫁以牽午遺以兩子逸其君父母家如彼其少則
情之所鍾可知己夫人性謹愿聞人過尤尚儉約自奉亦
無華勉夫子以學事尊章以孝友如妲娌恩廬覆中外無閒言
曰真我家賢婦己而果然屬得疾每作步覆巔疐如是者積
夫人初嫁時始李夫人疾篤速湯藥李夫人一見而喜
竟不起懷父念之不已遂卜其兆於長安鄉烏源嶺距其家
一里距李夫人墓一里而近欲其匯也夫人生於壬
子之七月殁於嘉某之三月當生男曰麟不育女一人曰壽
   以甲申二月癸酉奉其匯以藏焉修職郎隆興府豐
城縣主簿陳燴識文林郎廣州增城縣丞陳元晉書并題蓋

五十七、宋甘氏地券　嘉定十七年（1224）闰八月二十六日

額正書：地券

里人劍浦郡廖百禮記。／

維皇宋嘉定十七年閏八月乙未朔越二／十有六日庚申，孝夫范彥文謹告于社港張坑／山之靈：維山發趾丫凹，委蛇北行，屹峙張嶺，／迤而伏焉。面直大聚山，背賀張坑嶺。山則不／童，泉則不涸。四神八將，拱衛中外。三陽六建，／映帶左右。灼龜定墨，實為吉藏。今奉亡室／甘氏靈柩，爰宅茲土。咨爾靈祇，斥固封守，／撝呵不祥。億萬斯年，福流後裔。唯是春秋祭／祀，爾神亦與饗之。甘氏歸由甘墟，祖德風，／父明道。生於紹興辛巳，卒於嘉定壬午。／粵自主饋，奉順尊章，佽助生理，人以孝謹稱。／彥文家世金橋，大父世安，考宗周。男三人：公理、公義、／公顯。娶王氏、黃氏、陳氏。女二人：長適合同里夏功／戀，先氏卒；次臨川吳曲玉。孫男八人，女三人，／俱幼。式謹襄奉，因紀歲月，劚碯诏幽云。謹告。

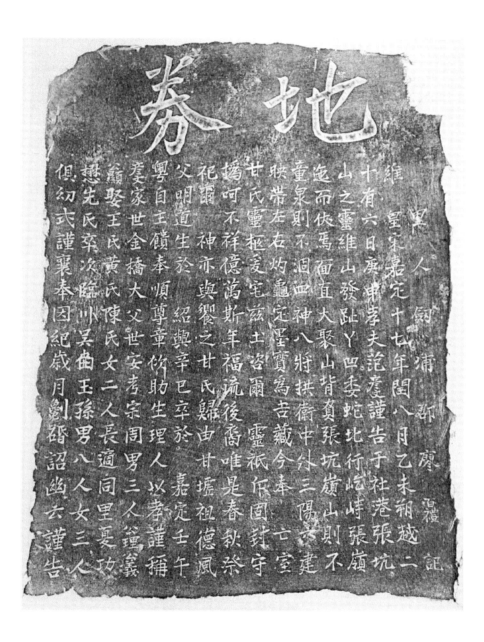

地券

里人劍浦郡廖疆証

瑩宋嘉定十七年閏八月乙未祔越二

十有六日庚申孝夫范憂謹告于社港張坑

山之靈維山發趾丫四委蛇北行屹峙張坑

迤而依馬面直大聳負張坑嶺山則不嶺

童泉則不迴龜四神八將拱衛中外三陽峰建

映帶在右灼茲土咨爾陰陽共

甘氏靈柩定塋寶為吉藏今奉亡室

攜呵不祥億萬年福流後裔唯是春秋榮風

祀爾神亦與饗之甘氏歸由甘堰祖德守

粵自王鑌奉紹興辛巳卒於嘉定壬午稱

父明道生於紹興辛竹助生理人以孝謹義

娶家世金橋大父世安考宗周男三人鐘

繇娶王氏黃氏陳氏文二人長適同里夏玖

懋先氏卒次臨川吳曲王孫男八人女三人

俱幼武謹襄奉因紀歲月劍鐻詔幽去謹告

五十八、宋管洪地券　　嘉定十七年（1224）十一月二十八日

額正書：地券

宋嘉興府通判管公諱洪，／嘉定十六秊九月丁夘日／殁，以次年十一月庚寅日／葬于撫州臨川縣長壽郷／師傅崗之原。左為青龍，右／為白虎。前為朱雀，後為玄／武。用買山錢十萬，敬祝地／神，守護兆域，斥遠妖恠。千／秋固安，芘蔭生存。祭祀以／時，神亦享無窮之報。謹告。

五十九、宋鄭德芳墓記　寶慶元年（1225）十月二十七日

額正書四行：宋故 / 鄭氏 / 孺人 / 墓記

宋故鄭氏孺人墓記 /

　　豫章豐城黃君正妻鄭氏名德芳，字景和，同邑鄭公諱兗 / 遠之季女。生十歲而孤，自幼多病，母陳夫人拯療撫育，備 / 極恩愛，方克成人。既長，議所歸，必擇名族。甲申之春，始歸 / 于我。余屋沈江，距景和家僅逾半舍，安否可以日聞，陳夫 / 人亦深幸景和之得所安也。居無幾何，景和遽嬰微疾，一 / 夕不起。嗚呼惜哉！其生以嘉泰辛酉臘月之己卯，其卒以 / 寶慶乙酉孟秋之乙亥，年纔二十有五，女酉娘生甫七旬 / 有五日而景和卒。景和天性恬淡，無它嗜好。女紅之外，筆 / 墨自娛。撫下有恩，持身以儉。人有忤己，未嘗與較，抑可謂 / 無愧於婦德矣。夫其所賦如此，固宜克享遐齡，而遽止於 / 斯，何上天福善之理於景和而獨嗇耶！嗟夫人生壽夭固 / 有定數，夢幻泡影，四大本空。在景和若無可憾者，然母夫 / 人春秋既高，餘二親亦皆鶴髮。彼此方幸兒女緣畢，可以 / 自怡。而今也欣幸未幾，轉為愁悴；歡愉方爾，易以憂嗟。初 / 謂百年與子偕老，僅逾一歲，遽爾西歸。遺息呱呱，方在繈 / 褓。仰事撫育之責，萃余一身，在存沒詎不興悲也耶！居正 / 將以其年十月甲寅，葬景和于長寧鄉歧坑之原，距家纔 / 五里而近。喪之凡役，必躬親之，亦以厚其終也。居正念景 / 和乍離慈蔭，為婦未久，且不得年，未有以著德焯勤，姑述 / 卒葬歲月，以納諸幽，抑以寄余之悲云。黃居正記。

宋故鄭氏孺人墓記

宋故鄭氏孺人墓記

豫章豐城黃居正妻鄭氏名德芳字景和同邑鄭公諱兟

遠之季女生十歲而孤母陳夫人撫養振育備

極恩愛方克成人既長議所歸必擇名族甲申之春始歸

于我余屋沈江距景和家僅逾半舍安否可以旦聞陳夫

人亦深幸景和之得所安也居無幾何景和遷嬰微疾一

夕不起嗚呼惜哉其生以嘉泰辛酉閏月之己卯其卒以

寶慶乙酉孟秋之乙亥年纔二十有五女適之外筆生甫七旬

有五日而景和卒天性恬淡無它嗜好女紅之外學與較抑可謂

墨自娷撫下有恩持身以儉人有忤已未嘗與較齡而遷止於

無愧於婦德矣夫其所賦如此固宜完享退齡而遷止於

斯何止天福善之理於景和而獨晉耶嗟夫人生壽夭固

有定數夢幻泡影四大本空在景和專無可憾者然母夫

人春秋既高餘二親亦皆此方見女緣早可以

自怡而今也欣幸未幾轉為愁悴歡愉方爾易以憂嗟初

謂百年與子偕老僅逾一歲遠爾西歸遺息呱方在襁

裕仰事俯育之責孝余一身在存沒詎不與悲也耶居正

將以其年十月甲寅葬景和于長寧卿岐坑之原去家纔

五里而近喪之凡俔必躬親之索以厚其路也居正念景

和乍離慈蔭為婦未久且不得年未有以著德焯勤姑速

卒葬歲月以紹諸幽卿以寄余之悲云夫黃居正記

六十、宋桂光庭墓記　寶慶三年（1227）九月三十日

額篆書四行：宋故／居士／桂公／墓記

先君桂氏諱光庭，字子華。生于定林祖居，隨侍祖父，遷處馬嶺後，／又卜居官山。曾祖宥，祖文安，父林，皆隱居不仕。先妣谿頭鄒氏，先／考君四年卒。生男三人：謙、益、常。女二人：長適王處謙，王卒，改適黃／安仁；次適何應鈴。皆同邑進士。孫男二人：感老、丙孫。女孫三人，皆／幼。先君生於己卯紹興二十九年之四月，終於丙戌寶慶二年之／八月，享年六十有八。今以丁亥寶慶三年九月三十日，奉柩歸藏／於地名謝港桃木之源。遵承治命，不敢違也。嗚呼天乎！不肖之孤／尚忍言之歟！蓋先大父生子四人，先君居長，自幼理家事精明強／健，至老不衰。深惟謙等不孝，不能以盡侍奉。然以其生平勤勞，尚／庶幾眉壽之報也。不肖之孤／尚忍言之歟！丙戌之春，得疾少間，一／日謂謙等曰：「吾幼年嘗志于學，屬以居長幹蠱之任，莫遂此志。□／博考前修，每自不能已已。性不遮護，明白是非。與人交際，利害是／關，惟恐無以為告。竟以此取憎於俗。汝等處世，宜弘識趣，以自保／持。兄弟幸此同居，苟能友睦於一門之內，吾死無憾亦。」迨秋，疾復／作，謙等驚憂，不容奄於詞色。先君尚慷慨相謂：「生死常理爾，汝為／吾子，不特此日晨昏藥食之奉，追惟平時，尚亦奚憾歟！吾有再三／之祝者，身後無用緇黃，有兒孫多方教之，藏吾之骨必在謝港。最／有不足於心者，汝母配吾僅四十年，能婦能母，勤儉慈順，以相其／夫，始終無少間。葬於淺崗之陽，吾不能數字以記其幽。吾身後，若／汝等不忍自已者，并可及其大槩。」嗚呼天乎！不肖之孤尚忍聞之，／尚忍言之歟！天降酷罰，以彰諸孤不孝深重之罪，況不肖未能有／立，無以求於當世聞人，輒記年月，納諸壙中。嗺哀勉承治命，不得／無言也。男謙泣血謹記，族弟補國學生興詩題額，親末補國／學生黃應旗書。

宋故居士樁公墓記

先吾桂氏諱光庭字于廷抹祖居隨侍祖
又卜居官山曾祖胥祖文安父林皆隱居不仕先姚裕頭鄧氏先
考君四年卒生男三人諱益常支二人長適王媦謙王卒改適黃
安仁次適何應紾皆同邑進士孫男二人或老丙孫女孫二人皆
幼先君生於已邵紹興二十九年之回二月終於丙戌買蔵
八月丁亥十有八令以丁亥寶慶三年九月二十七日奉柩葬
於此名謝志桃木之源邊承治命不敢違也嗚呼于不肖之城
尚忍言之戚盍先大火生于四人先考居長自幼理家事精明強
後忍言壽之報也不肖之孤尚忍言以盡侍奉然以其平生勤勞尚
日謂謙等曰吾幼年晉志于學豈以居長孟之任莫遂此志
博考前於每自不能邑已性不遊護世君亦然人家亡保所
悼考不持此日最昏芰有二孫多方教亡甚死亡過以自保後
閒帷恐無以為告兔以此取得於一門之內吾非興人我料遣
持兄弟等諄謹不苟能交脽於俗汝等明白先死未有先告
之祝吾子不之衰追惟平時尚亦笑威歉在謝志景
作謙等驚憂不容奄於斯惟四十年能婦亡母勤儉順以相其
吾不足於心者汝母配吾僅四十年能數字以記其
有不足於心者并可及其大壘孤不能賢況未能賢
夫始終無求間亡目已者并可及其大壘鳴呼天乎不肖之罪況不肖未能
汝等地男謙江閒人報記辛月納諸橫中靳哀私淚涕俟補
無言也男謙江血謹記荻牙待補國學生與詩題額諟某待補
學士黃應瑛書

六十一、宋馮氏墓記　寶慶三年（1227）十月十五日

額正書四行：宋故 / 夫人 / 馮氏 / 墓記

宋故夫人馮氏墓記 /

夫人馮氏，同郡下陂之名族，生於改元乾道四月初九日。其先潛隱弗 / 仕而屋潤，家世良善，以故氣習溫雅。淳熙辛丑，歸妃于中塘余叔朝任 / 諱遲。天性端重，克謹婦道。族長咸稱其賢，故能成余叔慷慨好事之志。 / 凡甲第罟用，鼎取一新。賓朋過訪，禮遇無間。蓋中饋之勞靡勃，內助之 / 力為多。自室家既久，生男輒殀，廼懼年衰，不復時有，恐已罹於，曰：「獨妨 / 夫陷於無後。」於是啓端，謀置側室。不圖衾裯之得人，欷求嗣續以繼世。 / 余叔聞言，猶有靳色。諱複開諭，俛順而從。有曰：「在他人則必懷妒忌，惟 / 夫人則念不及此。」前後所納，閱三姝焉。夫人能以禮相處，惠及於下。下 / 亦祇承惟謹，靡敢恃寵。初與次者久亦不化，繼而何氏天道昭格，俾符 / 素心，夫人鞠育甚於己出。使余叔無終身之憂，而有移山之志，非夫人 / 之賢，疇克臻此。嘉定甲申十一月初九日，不幸叔一疾不起，夫人居喪 / 盡禮，畢葬將禫，而遽治風恙，百藥弗能瘳。寶慶丁亥二月初七日，竟尔 / 捐館，享年六十有三。子三人：輪、軫、軾。輪娶堰上李氏，軫議羅山游氏， / 皆豪家也。軾未婚。女二人：長以貞固守；次適桐陂進士陳鎬。孫男一人，孫 / 女一人，尚幼。諸孤卜以是歲下元辛酉良日，敬用安厝于源里官路之 / 山阪。前期，泣告余曰：「輪母夫人大事有時，未有以識諸幽，敢以是囑。」 / 炳忝姪末，有是賢嬸，其可以不才為解。遂摭其行事，述其大槩。且遐想 / 婦有四德，古人素備，後世罕全。如夫人行己有恥，動靜有法，可不謂德 / 乎。擇辭而說，不厭於人，不可謂不能言也。不必顏色美麗、工巧過人，而 / 夫人之身鹽滌塵穢、服飾鮮明、躬率蠶織、潔齊酒食，非有容與功而然 / 乎。是無一可憾者，庸併書而系之。姪國學生羅炳百拜謹記并書。

宋故夫人馮氏墓記

宋故夫人馮氏墓記
夫人馮氏同郡下陵之名族生於改元乾道四月初九日其先潛隱弗
仕而屢潤家世長善以故氣習溫雅淳熙辛丑歸妃于中塘余叔朝任
幾甲箪器用鼎取一新婦道族長歲儼其實能成余叔懍懍好事之志
諱進天性端重克謹過訪禮過無間蓋中饋之勞廉勤内助之
力為多自室家既久一生男輒妖廻濯年裏不復時有恐己羅於曰獨妨
余陋聞言猶有斯邑諱謀置圖而侵有怨時求嗣讀以繼世妨
夫人則念不及此前後納閨諭順而從人則必懷妊恳惟
夫人鞠育世承謹靡敢恃寵初使余叔無終身之憂而有移山之志昭格於下
亦很承謹敢恃寵初出使余叔久亦不化而有移山之憂而有移山之志昭格於下
之賢夫人孫此嘉定甲申十一月初九日不幸叔一疾不起夫人吾喪爾
素心嶠克孫此嘉定甲申十一月初九日不幸叔一疾不起夫人吾喪爾
盡禮畢葬將禪而遂治風蕊百樂弗能瘳寶慶丁亥二月初七日竟喪
之賢禮畢葬將禪而遂治風蕊百樂弗能瘳寶慶丁亥二月初七日竟喪
女一人尚幼諸孤一卜是歲下元辛酉良日敬用安厝丁源里官路之
豪家也一人尚幼諸孤一卜是歲下元辛酉良日敬用安厝丁源里官路之
捐罷享年六十有三子三人長以身固守次適桐陂進士陳驪孫男一孫
炳有四德古人素備後世罕全如夫人行己有恥勤靜有法可不謂德與功
山阪前期逗苦人是賢孀其可以不才為辭遂撰其行事述其大槩且退想
婦有四德古人素備後世罕全如夫人行己有恥勤靜有法可不謂德與功
手拜辭而說不厭於素盥漱服飾鮮明躬率蠹棠齊酒食非有容與功
夫人之身盟游塵微服飾鮮明躬率蠹棠齊酒食非有容美麗工巧過人而然
乎是無一可憾者庸併書而系之姪國學生羅炳百拜謹記并書

六十二、宋鄒柔中陰堂記　　紹定四年（1231）十二月二十一日

有宋鄒君三宣教阴堂记／

先君駕山族也。曾祖義，繇舍法升太學。京師戒嚴，曾豫／伏闕上書，而朝廷益多事，勉受助教而歸。南渡後，猩嘯／篁竹，助教避難，徙于邑，因家焉。姓張氏。祖延世娶適齋／袁承議姪女，父大鼎七上舍娶舒撫幹女孫。先君諱柔／中，字惠卿，上舍第三子也。上舍有淵明寒泉之思，為先／君娶適齋嫡曾孫女。先君體貌魁梧，資識不凡下。刻苦／燈窗，銳復青氈，僅待成均而已。象祖初入學，先君別／闢書舘，隆禮尊師，以世業為急。惜象祖幼未能快先志。／先君生扵嘉泰壬戌十月十四日，歿于紹定庚寅正月／十三日。時象祖纔六歲，弟崇祖三歲，妹紹娘五歲，慶妹／二歲。母夫人年方二十有八。一室之內，旣孤且寡，觸目／傷情。辛卯臘月二十有一日，抱痛襄奉于故里水口山／之原。叙次梗槩，納諸壙。孤子鄒象祖泣血百拜記。

六十三、宋章氏壙記　　紹定六年（1233）九月五日

額正書：章氏壙記

　　維皇宋紹定六年歲次癸巳九月壬辰朔越／五日丙申，翁王正臣、姑董氏涓吉安殯亡媳婦章／氏。孺人乃饒之餘干縣習太鄉章繪字伯晉之／次女，生於丙寅五月二十五日亥時。丁亥年，適／予季子忞字德甫。先氏七月亡，葬于隆興府進賢縣崇信鄉旃舍地名官塘源，乃所居之近地／也。今舉孺人之柩以合宮。孺人以無所生子，辛／卯正月感疾不瘥，遂告翁姑，命立伯崇羅氏／嫡子，襁抱以為嗣。自更名鍾弟，囑撫育於翁姑。／以俟成人，繼光門戶。於二月十七逝。孺人幼失／怙恃，天性純誠，能孝義以克家。不幸，夫婦相繼／夭折，悲夫！姑紀其實，鐫藏諸壙，庶幾不泯也。

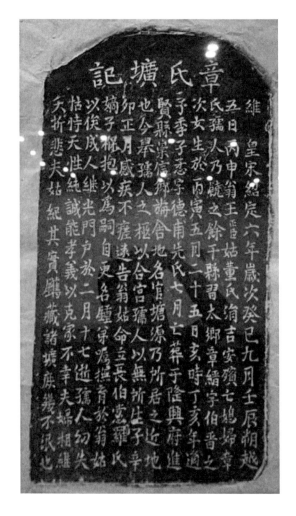

六十四、宋饒氏地券　淳祐六年（1246）四月一日

額正書：金山地券

維皇宋淳祐丙午四月庚／申，□男黃凝、孫獻子等奉／先妣饒氏喪葬于金山。敢／昭告于茲山之神曰：龍來自卯，水流于辛。左右遮／欄，前後回抱，天所賜□。惟／是呵護守禦，福蔭庇祐，賴神之休。至於春秋二祭，報／神者奚敢怠。神其鑒之。

六十五、宋鄭謙亨藏真誌　　淳祐六年（1246）四月十三日

宋羽化冲靖大師鄭君藏真之誌 /

古眉青城山人皮橘蘇焉撰并填諱。 /

師鄭姓，法諱謙亨，字子冲，福州閩縣人也。淳熙庚戌来信之鉛阜鴻都觀，解白為 / 衛生。嘗恩公龍圖趙計使喜其律身嚴，慕道專，遂勇扵成就之。嘉泰壬戌，被 / 敕命簪服冠裳，禮清卿李君為師。龍圖持淮東庾節，俾知泰州僊源萬壽宮 / 事，兼管內都道正。星霜五閱，規摹一新。嘉定壬申，朝錫冲靖大師紫衣之號， / 羽士咸以為榮。雲無定踪，復歸于鉛之南萃。寶慶間，領玉虛觀事。逮紹定，廼為得 / 業主人邑令楊公奭鼎刱西湖祝聖道院，嘗端平丙申歲也。鳩工飭材，皆師 / 之力。落成之後，就委司之。而又增闢舊址，築坐曰祠群賢。凡而涉世故，積善緣，僉 / 以能稱。師嘗謂：「人生如寄爾，老子歸根復命之說，其可不自領會？！」距南華一二里， / 有吳家山。師樂而預卜之曰：「此真吾藏蛻之地。」爰植松蒔竹，扁菴「叢偓」，亦有年矣。 / 淳祐丙午歲三月二十日，忽盥手焚香默坐，翛然而化，世壽七十有三。蓋師生扵 / 乾道甲午四月九日。小師李利賓、鄭利澤、周利永、毛利實、林利明、吳利和、張利川， / 師孫陳益深、吳益忠、王忠杰、黃益進、朱益裕、吳益祥，元孫黃有常、童悰真，前師而 / 逝者利賓、利明、利和也。利澤芋卜以是季四月十三日壬申，遵師治奄曰藏。山自乾 / 亥来，坐乾向巽，合扵陰陽家。姑叙顛末，鑱瘞幽宮。利澤芋拜手稽首謹識。何有成刊。

羽化冲靖大師鄭君藏真之誌

古眉邛青城山人友橋蘇□ 敬書并篆諱

師鄭姓法諱謙亨字子冲福州閩縣人也淳熙康戌来信之鉛阜鴻都觀醉白為

恩公龍圖趙計使喜其儔□藏兼道專遷雲於成就嘉泰壬戌褸

衛生昔□□清卿李君為師□龍圖持淮東度節俾知泰州俾源萬壽宮

殺命皆服冠裳禮□□朝錫冲靖大師紫衣之號

事兼管內都道正星霜五閱規摹一新嘉定壬申

羽士咸以為常雲無定蹤復歸丁鈆之□

業主人邑令楊公奠鼎翔西湖祝□睚道院寔端平丙申歲也鳩工飭材皆師

以發祥師嘗謂人生如寄爾老子歸根復命之説其可下自領會距南華一二里

之力落成之浚就委司之而又增闢舊址築堂曰祠羣贊凡而涉世故積薒緣歛

有吳家山師樂而預卜之曰此真吾藏蜕之地爰植松蒔竹偏蕃儔尓有年矣

淳祐丙午歲三月二十日忽盟手焚香默坐偹然而化世壽七十有三益師生於

乾道甲午四月九日小師李利賓鄭利澤周耕永毛利賓林桐明吳利和張利川

師孫陳益深吳益忠王宗杰黃益進朱益裕吳益祥元孫黃有常童慷真前師而

逝者利賓利明利和也利澤卜是秊四月十三日壬申遵師治命日藏山自乾

来来坐乾向巽合於陰陽家姑紋頭末鏡座幽宮利澤等拜手稽首謹識

何有威□

六十六、宋戴氏墓記　淳祐九年（1249）十月二十四日

額正書四行：宋故／戴氏／孺人／壙記

先妣戴氏，古為撫之崇仁塘膪人。曾大父毖，大父天／祐，父光祖。先妣生於紹興庚辰六月十七日，及笄，而歸我皇考諱彬卿，字允質，家吳皋之舁山。叶力／治生，躬蠶桑，事織紝。敏悟而無譁，勤儉而不嗇。敬謹／以養皇姑，卑順以諧姒人。庭闈之內，未嘗有遽聲／疾色。而貲力日優以裕，人知皇考之肥其家，而不／知先妣之攸相也。嘉定壬午，不幸皇考捐舘舍。／既葬，先妣泣謂諸孤曰：「而父既棄我逝矣，我何心／家政，而兄弟必勉游，毋違先志。」自是，燕坐中堂，時／以溫言教飭，俾諸孤得以闢田園，新屋宅，了婚嫁。晚／信釋氏教，晨夕持誦，優游三十餘年。健啗無病，宗人／以慈靜享福稱焉。淳祐丁未，壽季八十有八，聰明清／健，無異疇昔。忽一日淂微痰疾，竟不起，蓋十二月之／五日也。子男二人：英之、申之。孫男二人：務誠、務信。女／二人：長適徐克順；次尚幼。曾孫男六人：壬孫、感孫、遜／孫、應孫、德孫、壽珍。以三年己酉十月辛酉，奉柩葬于／醴源之細葛坑，距祖壠逾百步而近。孤不孝，弗克乞／銘於當代立言之君子。忍死紀卒葬歲月，言不文，以／納諸壙云，孤哀子孫英之、申之泣血謹記。族子師愈書。

宋故
戴氏
孺人
墓記

先妣戴氏古為撫之崇仁塘勝人曾大父〇大父天
祐父光祖先妣生於紹興庚辰六月十七日及笄
而歸我皇考諱椭卿字允賞家吳皋之勇山叶力
治生躬蠶桑事織紝敦悟而無譁勤儉而不齒敬謹
以養皇姑軍順以諧柚〇庭闈之内未嘗有違〇合
〇色而貲力日優以裕人知皇考之肥其家而不
知先妣之攸〇也嘉定壬午不奉我皇考捐館何心
既莫先姑泣謂諸孤〇父旣素我逝矢我〇何
家政而兄弟心愸辮母〇先志自是燕堂中堂時
以溫言教飭俾諸孤得以關田園新屋宅丁婚〇聰
信婢氏教晨夕持誦優游三十餘年健喻無病宗人
以慈静享福稱焉淳祐丁未壽季八十有八聰明輕
健無異疇昔忽一日得微快疾竟不起蓋十二月〇
五日也子男二人英之申之孫男二人務誠務信女
二人長適徐克順次尚幼曾孫男六人壬孫孫〇孫
孫應孫德孫壽玲以三午已酉十月辛酉奉柩葬干
醴源之細葛坑距祖隴逾百步而近孤不孝弗克〇
〇於當代立言〇君子忍死紀卒葬歲月言不敢〇
納諸壙云孤哀子孫英之申之泣血謹記諸于師〇殯

六十七、宋趙繼和父母地券　　淳祐九年（1249）十二月八日

額正書：地券

維皇宋淳祐九年歲次己酉十二月戊戌朔越初／八日乙巳，孤哀子趙繼和敢昭告于富城鄉／南崗之山神曰：惟我皇考，葬于此地。為我皇姚，／附于此地。父生于淳熙乙未之仲夏，而終於嘉熙己／亥之仲秋。母生于乾道己丑之孟夏，而終於淳祐己／酉之季秋。今決其地而合葬焉。孝子泣血送于厥中，／卜其宅兆，于茲協從。載惟茲山，名曰南崑。形汝猛虎，／坐踞欲吼。前株林溪，後黃櫊腦。右揖界嶺，水左接城。／崗山其山，唯何來龍，乃乙而坐向作辛。其水唯何，始／發乎辛，而終歸乎辛。自十月己未開基，百役皆興。干／犯無時，敬恭神明，謝此愆尤。願禁不祥，而畀洪休。／護我先靈，安于九泉。願無前累，賜以後福，永世無／窮。自今以始，春秋祭祀。與神同享，永矢弗渝。謹告。

六十八、宋趙汝珦壙記　淳祐十一年（1251）十月三日

額篆書五行：有宋／通判／宗丞／趙公／壙記

有宋朝奉大夫、通判福州、兼西外宗正丞趙公壙記／

朝請大夫、權工部尚書、兼中書門下省檢正諸房文字、兼修玉牒官趙性大填諱。／

中大夫、祕閣修撰、知福州軍州事、主管福建路安撫司公事、馬步軍都總管趙希瀞題蓋。／

公諱汝珦，字叔向，／太宗皇帝八世孫。曾祖士蕣，昭慶軍節度使；妣王氏，永寧郡夫人。／祖不懘，朝奉郎，累贈金紫光禄大夫；妣錢氏，福國太夫人。父善閔，／武節大夫，贈中奉大夫；妣錢氏，令人。公以淳熙庚子十一月十九／日生，先受伯父右司善闓昭武日該遇。茂陵登極，捧表澤，補將仕郎。繼扵嘉泰壬戌登進士苐，積階至朝／奉大夫。歷任南康户掾，衡陽推官，福建漕司帳計，章貢科曹，上虞／令，南外宗院贛州倅、三山倅，兼西外宗正丞。淳祐辛亥四月，秩滿／東歸。以五月十七日疾終于正寢，享年七十有二。取劉氏，贈宜人，／先公三十四年卒。男三人：長崇鋧，蚤世；次崇鑯，辛丑進士，從政郎，／新監行在文思院；次崇釪，偕福建計史，待省。女四人：長適進士／王琪；次適承信郎葉遇龍；次適進士施鉉，皆里人；次許旴江梅／挺秀。孫一人，必湉，將仕郎。崇鑯荺忍死以是年十月三日庚寅，奉／公柩敬窆于信州上饒縣崇孝鄉陳家匯之原。若夫平生出處大／槩，已見行狀。姑紀歲月，以納諸壙云。崇鑯荺泣血謹書。

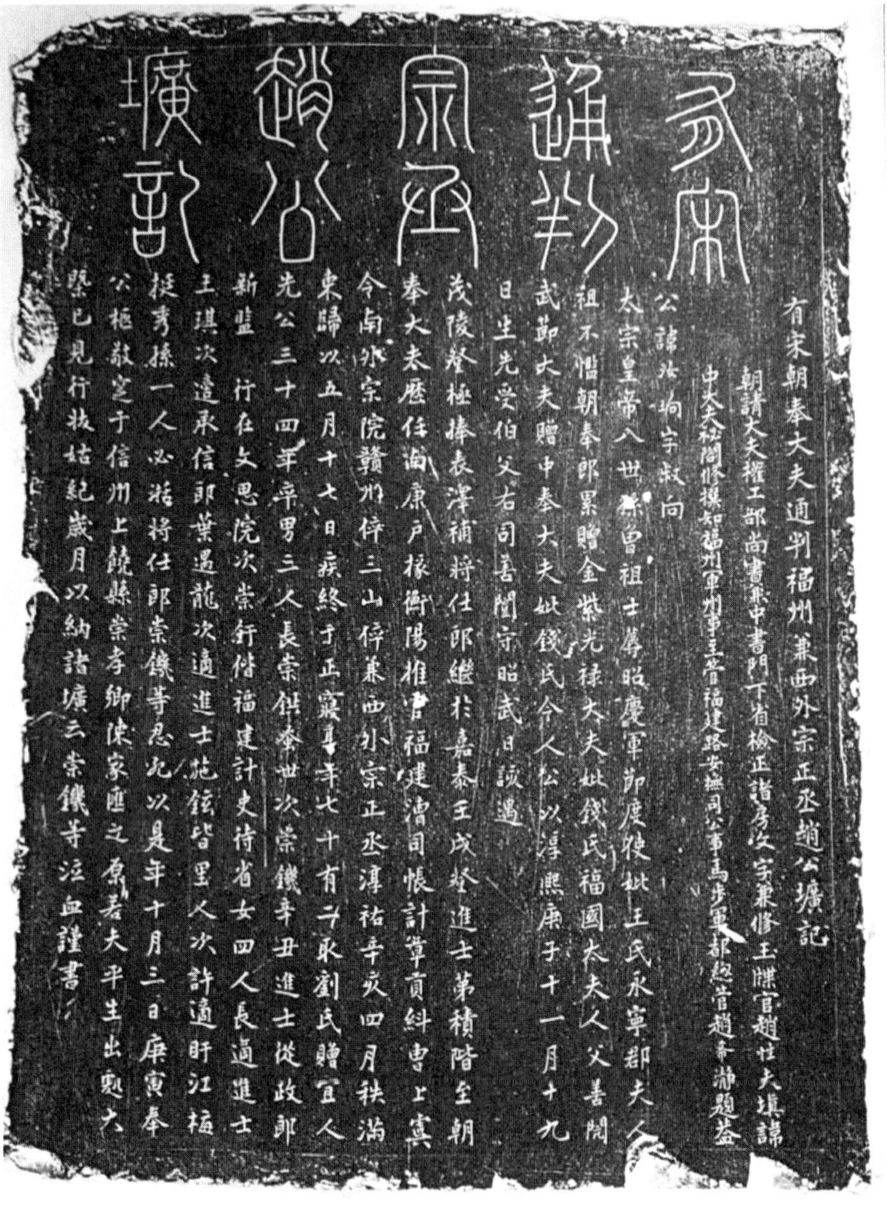
有宋通判宗丞趙公壙記
有宋朝奉大夫通判福州兼西外宗正丞趙公壙記
朝請大夫權工部尚書兼中書門下省檢正諸房公事兼修玉牒官趙杜夫填諱
中大夫秘閣修撰知福州軍州事主管福建路安撫司公事馬步軍都總管趙希瀞題蓋
公諱汝埛，字叔向，
太宗皇帝八世孫。曾祖士夢，昭慶軍節度使，妣王氏，永寧郡夫人。
祖不惱，朝奉郎，累贈金紫光祿大夫，妣錢氏，福國太夫人。父善闓，
武節大夫，贈中奉大夫，妣錢氏，令人。公以淳熙庚子十一月十九
日生，先受伯父右司善闓守昭武日誕遇
茂陵登極恭表澤補將仕郎，繼於嘉泰壬戌登進士第，積階至朝
奉大夫，歷任湘康戶掾、衡陽推官、福建漕司帳計、章貢糾曹、上高
令、南外宗院贛州倅、三山倅兼西外宗正丞。淳祐辛亥四月秩滿
東歸，以五月十七日疾終于正寢，享年七十有二。娶劉氏，贈宜人，
先公三十四年卒。男三人：長崇鉷，奉世；次崇鐵，辛丑進士，從政郎
新監行在文思院；次崇釬，儲福建計吏，待省。女四人：長適進士
王琪，次適承信郎葉遇龍，次適進士施鉉，皆里人；次許適盱江梅
挺秀。孫一人，必𣳚，將仕郎。崇鐵等忍死以是年十月三日庚寅奉
公柩歛窆于信州上饒縣崇孝鄉陳家塢之原。若夫平生出處大
槩，已見行狀。姑紀歲月以納諸壙云。崇鐵等泣血謹書。

六十九、宋趙希淳壙記　淳祐十二年（1252）八月四日

額篆書六行：宋故 / 覃懷 / 李氏 / 妻趙 / 夫人 / 壙記

夫人燕邸九世孫，名希淳，字淑 / 卿。曾祖子黯，祖伯總，父師若，皆 / 通顯，稱循吏。夫人在其家，以孝 / 友聰明為父母偏愛。選所宜歸， / 爰適李氏。寔玄黓執徐歲，時余 / 王父年開九袠，為解顏。夫人性 / 稟純靜，容止端莊。體不衣新，首 / 不飾華。澹嗜好，薄滋味。竟日一空，語無妄發。事尊長順，睦親戚 / 和，待臧獲寬。相夫外朝，佐州司 / 京。袼領廣郡夫人，尋膺厥秩，被 / 鸞封。命服在躬，閫儀愈肅。屬久 / 抱血疾，荏苒羲娥。罔藥弗試，靡 / 神不宗。病有十一月，終于路寢， / 年四十二。嗚呼痛哉！萬里漂流， / 二紀伉儷，駕言鼓盆，自遣奈天 / 倫何！先是，生子阿綿，年踰幼學， / 穎異過人，前夫人十年卒。夫人 / 自是忽忽不樂，視世間榮華無 / □足以動其心，重可傷。夫人生 / 嘉定辛未六月廿一日巳時，死淳祐壬子□ / 月十九日未時，葬 / □歲八月四日申時。艮穴坤向，□符婦道。介臨川西郊，地名栢 / 寒，乃余表兄法曹項君高誼相 / 捐，可勵薄俗。竊伏自念世緣苦 / 惡，幼失怙恃，長失王父母，中年 / 哭子，今又哭妻。備窮無告，四宛不獲 / 所□。矧旅泊江鄉，需次日 / 羅。惸然子立，篤匠於窆。厥惟艱 / 哉！道心固滋，客懷孔棘。援柳柳 / 州誌妻例，識于丘窆。莽制夫覃 / 懷李景初記并書篆。 /

鄒祖明刊。

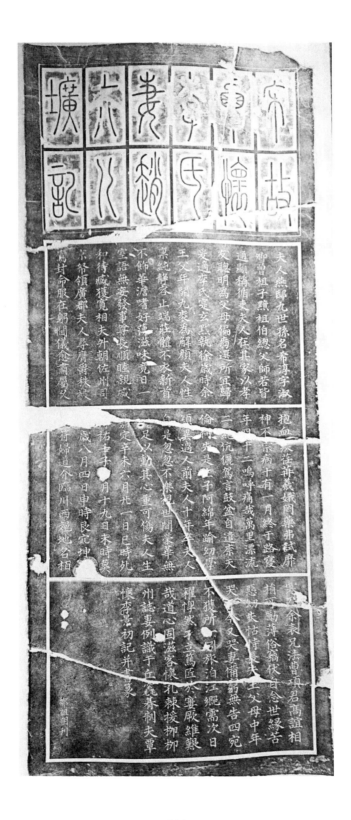

夫人無郎九世孫名希亶字淑
卿曾祖子顯祖伯總父師若皆
連顯稱循吏夫人在其家以孝
友聰明為父母偏愛選所宜歸
爰適舒氏寔玄默執徐歲時余
王父年閏九歲為解顏夫人性
稟純靜容止端莊體不承新首
不飾華澹嗜好蓮滋味竟日一
堂語無妄發事舅姑順睦親戚
和待臧獲寬相夫外朝佐州司
京帑領廣郡夫人尋贈爵秩敘
萬封命服在鄉閭儀念斋屬父

抱血疾蓮萍羲娥鬥藥弗試扉
神不祟病十有一月終于路霞
年四十二嗚呼痛哉萬里漂流
二紀流僵駕言鼓盆自遭素天
是子阿綿年諭幼學倫先是
顧黑過人前夫人十年辛夫人
足以勤其心重可傷夫人生
忽忽不樂見世間豪傑華無
定辛未六月廿一日巳時卒坤
祐申子月十九日未時葬
歲八月四日申時良兆完坤相

昊穹余裹兄法曹碩君高誼相
勖薄俗竊伏自念世緣苦
懇栖寺兮王父母中年
哭又哭妻備罍無告四宛
次日
引旅泊江絕霜次
妻例識于江鐫幕制夫
道心固滋客懷孔棘接柳柳
州誌
懷李景初記并書篆

郡祖明刊

七十、宋江惟一壙記　淳祐十二年（1252）十月三日

額正書四行：宋故／考江／隱君／壙記

宋故考江隱君壙記／

先君諱惟一，字清白，世居豫章豐城折桂聳山之陽。曾大父璡，大父彥華，父／漢。先君幼而好學，求師取友，皆端人正士。壯遊場屋，不遇賞者。遂等功名／於蝸角，怡然退處。入孝出悌，睦族協隣，每以詩禮勉礪諸孫。賓客過從，必具／觴豆。性好慈仁，不畏強禦。家政巨細，一付於宣。宣方欲盡菽水之奉，俾先／君優游卒老。豈期先君一旦嬰疾，福藥無効，溘然而逝。嗚呼哀哉！宣失所／怙，抱恨終天，無從赴愬，痛當奈何。先君初娶蔡氏，未幾而先妣卒，再娶／繼母聶氏。先君生於紹熙壬子之孟冬，歿於淳祐庚戌之季秋，享年／五十有九。男宣，女弟三人：長適熊天錫；次適席元益；三適聶應昇。新娶鄒氏。／孫男四人：元復、文震、應鍾；四尚幼。自先君去世後，卜其宅兆，竟不獲吉。得／非先君欲重古人同穴之義乎！卜以十月初三日，奉柩葬于獰獅坑先／妣佳域之右，去家一牛鳴。坐癸向丁，同鬣封也。襄事有日，未能匄銘於達者。／姑摭大槩，誌歲月以示不朽，并告于茲山之神曰：若四獸之倚服，伏龍脈之／來由，昔已載于先妣之壙石，不及重述。然或有魑魅魍魎震驚我先君，／爾神其誅殛之。若節春秋來薦祭祀，爾神其與享之。淳祐十二年歲／次壬子十月壬子朔越三日甲寅，孤子宣泣血謹記，就書以為券云。

宋故
考江
隱君
壙記

宋故考江隱君壙記

先君諱惟一字清伯世居豫章豐城坼桂聳山之陽冒晨月父□□大父彥善父

僕先君幼而好學求師服友皆端人正士遊場屋不遇賞音遂尋功名從必具

於蠋角怡然退處入孝出悌賒每以詩禮勉礪諸孫賓客過從必具先

鵰且性好縷仁不畏強禦家政巨細一什於宣宣方欲盡穀水之奉俾先

君優游卒老垂期先君一旦嬰疾福藥無効溘然而逝鳴呼哀哉置失所

怙抱恨於天無從赴恩痛當奈何先君問是暮氏永幾而先姚卒再娶

繼母薛氏先君生於紹熙壬子之孟冬歿于□治庚戌之季秋事年

五十有九男正女第三人長道熊天鶴火道庸元益□□畢界新癀郭氏

孫男四人□俊文震應鍾四尚幼自先君去世後卜其宅兆覺不護吉得

□□大腦□□歲月以□不朽并告于□山之神曰□四歇之□伏龍眠之

□姚城□右去□□中鵰奱向丁同魏村也覆葺□未龍匈鎰於達晉

□由昔已戴于□姚之墳山不及重建然或有魍魎震為代先君

爾坤其詠疆之苕郎春林豪歲祭記圙冲其埋舅之靈□治十二年歲

次壬子十月壬子朔越三日甲申孤子□誼血}記沉書以為券云

七十一、宋王法順墓誌　寶祐四年（1256）十二月十六日

夫人姓王氏，諱法順，世為慶元府鄞縣人，我舅氏儒林郎、監華州西嶽廟李公諱／衍之配也。曾祖勳，故朝散郎致仕，賜緋魚袋贈金紫。妣蔡氏，武陵郡夫人；元氏，永嘉／郡夫人；薛氏，普寧郡夫人。祖正己，故朝議大夫，祕閣修撰，賜紫金魚袋。妣樓氏，恭人。／父澤，故承事郎，前臨安府觀察推官。妣伍氏。生扵淳熙十二年二月十六日，年二十／三歸我舅氏，寶祐四年八月二十五日終，享年七十有二，以其年十二月十六日／葬于紹興府上虞縣半山之原。子男二人：伯魚，蚤世；友龍，其次也。葬有日，友龍俾綸／叙梗槩。□属在甥列，知夫人沊德懿行為諗，不敢以固陋辭。惟外氏自莊簡公／以清□家，禮法嚴整，諸子諸孫世守弗墜。闔門千指，同居共爨，上下肅穆，為世德／門。□□柔嘉孝謹，得扵天資；禮范儀矩，熟扵姆訓。來嬪之始，恪循婦道，靜脩功容，／動中規度。事舅姑恭而有禮，撫婢妾寬而有制。織絍組紃，不憚勤苦，承上接下，人無／間辭。明年，外祖即世。又三年，外祖母繼歿。舅氏執喪盡制，凡謹終追遠，事無／巨細，夫人實擯相之。舅氏篤志嗜書，好古博雅，未嘗屑意家事。夫人佐理□／政，井井有條。賓朋盍簪，設醴忘倦。舅氏入上庠，登臚仕，設施曾未及一二。忽感□／疾，夫人敝衣菲食，左右醫藥。順適調娛，先意承志。如是者十餘年，始終猶一日。□／友龍生十有一年而孤，夫人刻意教育，拳拳以謹守家法，勿墜箕裘為訓。既授室／矣，夫人方以得婦為喜，而不幸已屬疾，可勝歎哉。綸幼失怙侍，母氏依外／家者餘二十年，蒙撫育之恩備至。從宦四方，契闊累載，方擬歸省，遽以／訃聞。謹摭平日／之得扵親見者，叙述其實，授之友龍，俾乞銘扵當世君子。甥宣教郎、新知隆興府奉／新縣主管勸農公事姚綸謹記，表姪孫迪功郎、新江州司理參軍潘子昌書。馬謙刊。

夫人姓王氏□□□
祖初諱□世萬叔元府鄞縣□□易氏□臨林郎監舉州西嶽廟十□□
祖諱□朝散郎致仕賜緋□□金紫姓蔡氏武陵郡夫人□氏永□□
郡夫人詩□晉寧郡夫人祖正已故朝□□閤□撰賜紫金魚袋姓樓□□
父澤故事郎前臨安府楓橋推官諱□海氏生世長□以□□有日友龍得□□
□□于紹興四年八月二十五日終享年七十以其年十二月十二日友龍得□□
□□我□武寶祐四年八月二十五日終享年熙十二年二月十六日年二□□
□婦干□府鄞縣半山之原子男二人伯魚蠡世友龍世德□□
□枕我□祖母儀矩世守弗墜闔門千指同居陪□辭推外氏曰友龍世德□□
以消□□□禮法嚴謹諸子諸孫世守弗墜闔門千指同居循道静循為世德□□
叙梗概□□□□□禮法得於天資禮乾儀矩照前制織征祖来嬪之始陪循婦道静循為世□□
中規明年外祖姑奉而有禮□寬熟長姆訓来嬪之始陪循婦道静循□□
聞辭明年外祖即世□□易氏繼殁易氏執喪盡制見謹終追逺□□
□□易舅相□易□夫□馬志惰妥□身承前□□□夫人僅理□□
巨細失儀賀朋盍□□醫藥調理老以謹承家事□□夫人僅理□□
政井井有條□夫人資稟□列意教育曾未及一二□感□□□□
□龍里□□歲永悲□庶任設施曾未及□始終猶一□□□□
友□失年□而孤□□□易法勿隆其裹嚢□既枝育□□□□
□□□□□□□孰可勝嘆盍輸紛失所托侍□□依外□□□□
□蒙無育之恩備至従宦四□□□□省邊以計歸省□謹撫平□□
省□□十年□□□述其實托之父龍□□宣教郎□知隆興□縣□□
□歲□□□□□銘其當世居子瑝□教郎□知隆興□縣書□□
新□□寸□□□勤□新江州□□□鍳軍漆子昌書□□
□□□□□

七十二、宋王友慶墓誌　寶祐四年（1256）十二月二十八日

　　先君姓王氏，諱友慶，字汖寬，世居越之餘姚。曾祖琰，／祖昌言，父維。歷三世，姒皆方氏。先君生扵乾道癸／巳九月初四日，寶祐乙夘七月甲子以疾終于家。卜以寶／祐四年十二月二十八日乙酉，葬于邑之上林湖謝塢之／原。先君娶袁氏，先四十有二年卒。至是，合窆于姒／氏之兆。先君三歲失怙，既長，克敬慈闈，艱難立家，處／性剛介。親友尚書聶公嘉其能講學，改名之道。奏擬迪／功郎，帖子充諸王宮講書。後該／壽明仁福慈睿皇太后慶典恩，郡守侍郎汪公保奏，準／告，特授迪功郎。春秋已高，遂絕意扵進取。先君生五／男：居敬、居仁、居能、居安。其季幼，出継毅敏公燕氏，後名宗／夔，是為司門通直之子。女一人，適承議郎、通判安吉州軍／州事葉明道。孫男八：天驥、天犖、天任、天與、壽老、霆老、之老、／昭老。孫女一人，在室。葬日薄，未暇乞銘扵立言君子，姑述／梗槩，納諸壙。孤哀子居敬等泣血謹記。／

　　朝奉大夫、主管台州崇道觀湛若填諱，馬良刊。

先若姓王氏諱亥慶字村寬世居越之餘姚曾祖玖

祖昌言父維唐三世姚皆方氏先君生於乾道癸

巳九月初四日寶祐乙卯七月甲子以疾終于家卜以嬪之

祐四年十二月二十八日乙酉葬于邑之上林潮鄉鳴之

原之北先君娶氏老帖閱克敬圉難立家慶

民之介親友尚書聶公嘉其德潜學改名之遂撫迪

性剛帖先諱王官講書沒該

功郎帖先諱王官講書沒該

壽明仁福慈春皇太后慶典恩郡守侍郎王公保奏進

告居敬居仁居安其事拘出繼毅敬公燕氏沒名宗

男居敬居司閽通直之子女一人適承議郎通判安吉州軍

夔是為明道孫男八天驥天任天興壽老建老定老

州事葉明道一人在室葬日簿未暇屯銘於立言若子姑述

昭老將女一人在室葬日簿未暇屯銘於立言若子姑述

按築納諸孤京于居敬等泣血謹記

朝奉大夫主管台州崇道觀湛

若撰詩

馬良引

七十三、宋劉氏壙記　景定二年（1261）九月十三日

額正書五行：宋故／皇妣／孺人／劉氏／壙記

皇妣孺人彭城劉氏，出自臨江清江之茂才鄉稠坑里，父福。生於紹熙辛／亥七月初一日丑時，壽七十有一。皇妣自幼禀性柔淑，善女紅。嘉定庚午／歸配先君，克恭婦道，厲己以儉，相家以勤，家賴以昌。睦族卹貧，仁愛兩盡，／內外咸以慈稱。鞠孤八人。男三人：伯成、伯玉、伯大。長娶周氏，次聶氏、何氏。／女五人，俱出適。孫男二人，未名。孫女五人，尚幼。景定辛酉王正月初三日，／天降之罰，禍延皇考。而皇妣悲哀孔切得疾，砭藥不試，不克視斂，越三日／繼焉。嗚呼哀哉！蒼天蒼天，至此極耶！抑何酷耶！諸孤泣踊，五內分裂，敢後／襄治。是年九月十三日壬申，皇考歲月未良，舉柩淺封，東園空居。先妣龜／筮協吉，忍死護靈輴，祔于住近西北隅棗樹山祖塋之原。山起西兗，坐丑／癸向丁未，山紆水縈，廻環抱合，是為我皇妣千載妥靈之眞宅也。緊我皇／妣，奠而安之，永永垂裕我後昆。孤等銜卹，不能乞文，以昭幽光，孤等罪／也。謹稽顙泣血，書歲月以納于壙，以誌于永久。嗚呼哀哉！擗慇罔極，謹記。

七十四、宋熊文忠墓誌　景定三年（1262）十一月

額篆書二行：熊氏／墓誌

公姓熊氏，諱文忠，臨川積善鄉人也。曾祖吳，祖安邦，父子政。公／生於嘉定之己卯，卒於景定之壬戌，享年四十有四。公娶周氏，生男三人，女一人。長曰世茂；次曰世盛；次曰世昌。女曰元／娘。公方當幼孝之年，天資俊爽，性格溫柔。難兄奇之，稟于偏親，／命以爲子。及其長也。汪汪然，面有春風；洞洞乎，心涵秋月。事上／以敬，接下以寬。信以結交，和以睦族。公家世業，鞭箠迨至。于公／則爭財賦之柄，司出納之權。優於幹運，巽踵白朱。方圖買鄰□，／謀卜宅。未遂其志，而竟以寢疾不起，抱恨九泉。所無憾者，賴有／令器，或能継焉。公之宅兆，已卜吉于宜川仙桂下南之彭坊，亦／公存日之所自相也。日月叶吉，襄事奉終，謹誌于壙，其辭曰：／

九天蒼蒼，九原茫茫。埋玉何所，下南彭坊。／坐乹向巽，山髙水長。子孫蕃衍，福禄熾昌。／

皇宋景定三年歲次壬戌十一月……日誌。

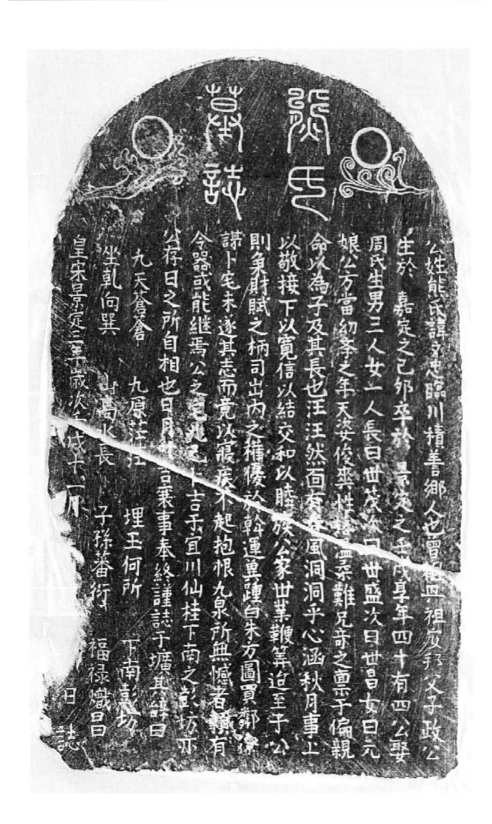

七十五、宋范巨源鄒氏合兆記　景定四年（1263）十一月七日

　　額正書四行：宋宣教 / 范公孺 / 人鄒氏 / 合兆記

　　維皇宋景定四年歲次癸亥十一月戊寅朔越七日甲申，孤哀子 / 范友益奉遷 / 先考五二宣教之靈于 / 先妣鄒氏孺人之新塋，田西里桑樹坑山之陽，距家十里而近。坐寅 / 向申，不喧不寂，不燥不濕。如鳳斯翔，竁于其噣。友益孤陋，未能攄 / 考妣行實，丐銘名筆。謹述世系事為，泣血控于此山之神。吾世居揸 / 村，曾祖毅，祖一夔。越若益漕，煥章仲武。湘漕清敏，應鈴料院。朝奉之巽特，三從四從間。吾曾祖而下，三世肥遯，耕學兩最。吾記兒時，今祖 / 母熊氏夫人指吾謂吾母曰：「吾中壽失汝祖，汝父，吾仲子也。性勤心 / 曠，將必肥家，皆祖父流慶。汝母甚善相助，余愛鍾焉。」吾母世系，自盱 / 來同邑東湖里人。父龜甫，今從叔冶幹止善。母料院夫人，膠庠上舍。 / 原一皆通譜。考妣既俱世家，故奉上恤下，洋洋美聲，人能言之。不幸， / 考己酉應里選詔，得疾鍾陵。歸，菊月十日即世，吾侍母終喪。一日，謂 / 吾言：「汝父未窆，得無留姑憗合□葬，俟吾百世後同室。吾子惟汝，庶 / 松楸展省，免東西行。」不幸，妣於去年孟陬之先晦日疾革。歎曰：「吾夫 / 不終姑養，吾亦至斯，有愧為人婦矣。雖然天也，合兆之約，吾子記之。」 / 考諱巨源，字清甫，生於嘉泰壬戌，終於淳祐己酉，享年四十有七。妣 / 生於慶元庚申，終於景定壬戌，享年六十有三。嗚呼痛哉！友益思惟 / 遺言，跋履罙久。一日，表弟熊文甫以此山來告，究力求獲，卜是日奉 / 二靈居焉。友益娶聶氏，孫男二人：平孫，幾冠；已孫，尚幼。孫女一人，環 / 娘，未笄。為尔神告：妥吾考妣，福其子孫。春秋來祀，神其享之。謹告。 /

　　里契末三試國學臨川詹伯振填諱。

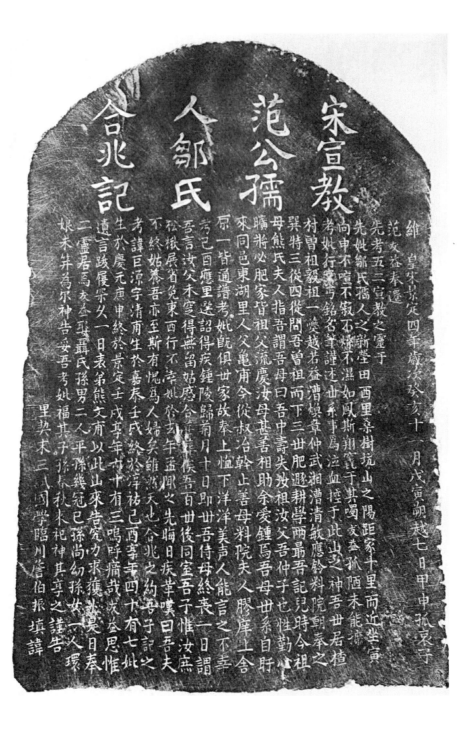

宋宣教
范公孺
人鄒氏
合兆記

維
皇宋景定四年歲次癸亥十一月戊寅朔越七日甲申孤哀子
范炎益本遠

先考五一宣教之靈于新塋田西里桑樹坑山之陽距家十里而近坐寅
向申不喧不燥不濕如鳳斯翔竆于此山之神吾世居楮
考妣行實謹述出系事為泣血控于此山之神吾世居楮

村曾祖毅祖一變越若益漕煥章仲武湘漕清敏應鈴料院朝奉之
異特三從四從間吾謂吾曾祖曰吾中壽失汝祖父流慶汝母甚善相助余愛鍾焉吾
母熊氏夫人指吾謂吾母曰吾中壽失汝母甚善相助余愛鍾焉吾母世系自肝
考妣祖父龜甫今從叔治幹止恤下洋洋美声人能言之不喜

原一皆通譜考妣俱世家故奉上臨世後同室侍母終喪一日謂汝庶
吾言汝父未竆得無留姑感合同室惟吾子惟汝夫人膠岸上舍
詔得疾鍾陵歸前月十日即晦日疾草嘆曰吾夫
松楸展省兇亦至斯有愧焉人婦矣雖然天也余之約吾子記之

不終始慕吾有愧焉人婦矣雖然天也合兆之約吾子記之
考諱巨源宇清甫生於嘉泰壬戌終於景定壬戌享年四十有七姪
生於慶元庚申終於景定乙酉享年四十有七姪
遺言踐履崇久一日表弟熊文甫以此山來告竆力求獲吳日奉惟

二靈君為友久耳聶氏孫男二人平徐幾冠已孫尚幼孫女一人環
娘未笄為尔神告安吾考妣福其子孫木祀神其亭之謹告
里契末三人國學臨川詹伯振填諱

七十六、宋葉繼善壙誌　咸淳五年（1269）十二月一日

額篆書六行：宋故 / 推官 / 權縣 / 文林 / 葉公 / 壙誌

先君諱繼善，字性之，以讀書之室自扁曰「彞軒」。世系載曾祖考墓誌已詳。曾 / 祖興祖，故綏寧簿尉，累贈中散。祖夢得，故中奉大夫，提舉建康府崇禧觀，貴 / 溪縣開國男。考億年，故，不仕。先君在繦褓而失怙，母吳氏鞠養，後改適于曾 / 祖母盧令人之親姪，先君惟祖父母是依。平日寬和樂易，居鄉里，無貴賤戚 / 疎，咸稱愛之。自幼篤學，習詩義，累應鄉舉，未利。寶祐甲寅，曾大父以明禋 / 大禮恩，奏補將仕郎。丙辰，銓中，授迪功郎，安慶府望江縣主簿。戊午，之官。未 / 幾，泉使蔡公、謝公又檄入幕者近兩載。至辛酉，滿替，再調靜江府法曹。以初任 / 邊，賞循從政郎。咸淳乙丑，到任，以登極恩，循文林郎。丁卯，憲使游公與 / 令狀辭云「材猷通暢，吏事精勤」。經使趙公舉改官辭云「存心近厚，用法持平。 / 見謂能官，可使為宰」。戊辰，滿替，歸志浩然。而趙公挽留，奏辟象推辭云「秉心和平，臨事明敏」。該命隨下，又以古邑地逼蠻徭，凋弊難治，檄先君攝之控， / 辤弗獲而行。既至，以儒飾吏，以廉自守，焦勞經理，政修人和。至九月初，忽沾 / 微疾，醫藥罔功。越二日，晏然而逝，士庶軍民莫不為之咨嗟流涕。謙罹此荼 / 毒，去家數千里，母子煢然，罔措歸計。幸先君居官時，以廉勤奉臺閫，以和敬 / 處同寅。皆相與維持，即遂護櫬邸家。茲卜宅兆，獲吉于鳳凰塘之南。以己巳 / 十有二月壬申，忍死奉柩歸窆焉。嗚呼痛哉！先君生於寶慶乙酉六月壬辰， / 卒於咸淳戊辰九月乙卯。娶馮氏，子二：長謙；次了孫。女三：長適張宗漢；次適 / 高茂子；季許抱養，適吳應來。皆進士也。謙未能乞銘于立言之君子，姑識其 / 歲月，以納諸壙云。孤子謙泣血謹書。 /

親末迪功郎、宜差監潭州永豐倉兼穀倉鄭鑄填諱。

宋故
權縣
祗宮
金林
業府
壙誌

先君諱繼善字性之以讀書之室自扁曰彝軒世系載曾祖考墓誌巳辭曾
祖興祖故緫轄簿尉累贈中散祖号得故大奉大夫擢建康府崇禧觀貴
漢縣開國男考億年故不仕先君惟祖父母是依平日寬和樂易居鄉里無貴賤戚
祖母盧令人之親延先君惟祖父母是依平日寬和樂易居鄉里無貴賤戚
祖母盧令人之幻篤學習詩義累應鄉舉未利寶祐甲寅曾大人以明裡
踝咸辭愛之自幻篤學習詩義累應鄉舉未利寶祐甲寅曾大人以明裡
大禮恩奏補將仕郎丙辰銓中授迪功郎安慶府望江縣主簿戊午之官未
義泉使蔡公謝公又徹入幕者近兩載至辛酉滿替再調靜江府法曹以初
任邊賢衛從政郎咸淳乙丑到任以登極恩衙文林郎丁卯憲使遊辭云與
令狀辭云材猷通暢吏事精勤經使趙公奏改官辭文林郎丁卯憲使遊辭云近
見謂能官可使為宰戊辰滿替歸志浩然而趙公挽留衆辭象世辭云近
和平歸車明敏該 命隨下又以古邑地逼蠻傜徭理政修人和至九月初恐泊
緯茀獲而行號至以儒飾吏以廉自守焦勞理政修人和至九月初恐泊
微疾醫藥罔功越二日晏然而逝士庶軍民莫不為之咨嗟流涕謀此茶
喪去家數千里毋子嵕然閏措歸計辛先君居官時以廉勤奉臺閩以和歌
卹同寅皆相與維持即遂護觀即家兹卜宅獲吉于鳳凰塘之南以巳巳
十有二月壬申晃死柩歸定焉氏子二長謙次了孫女三長道張宗漢次道
古茂子奉許抱義遺興應來此進七也謙未能乞銘于立言之君子姑識其
歲月以納諸壙云祗子謙泣血謹書

親眜迪功郎宜差監潭州永豐倉篆設舍辭□瑱識

七十七、宋官四娘地券

維皇宋年月日朔。／大宋國内管天蒼，世上冥司有地隍。／江南建昌新城縣，旍善欽賢曹里保，／元在曹源保内住身故信女官四娘，／夲命壬戌八月降，廿六日申時，娘／伏為行年歲。暫往南山採花□，／忽遇仙人來飲酒，蒙賜一盃便身亡。／醉後落橋而身故，精神恍惚入泉鄉。／投得南山作木郎，買得棺材全具还。／八片充為一具喪，兩頭都是閑□□，／中心便是四娘房。用到銀錢壹仟貫，／買地一穴蓯四娘。張堅固二人來書契，／李定断和作牙郎。其山東止甲乙青龍位，／南止丙丁朱雀鄉，西止庚辛白虎位，／北止壬癸玄武垠，中止亡人作塚宅。／万歲千秋不移垠，泉下土精并□鬼，／莫來爭占我□垠。太上急急如律令。

地券为陶质。

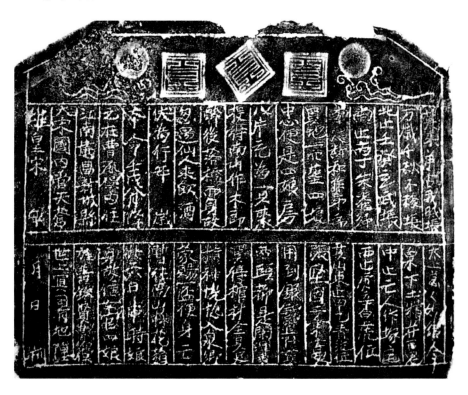

七十八、宋聶晞山妻殘墓誌

……士，聶晞山妻也，是為義山季舅姆。古居茂才鄉之官 / ……窓公為從姪。夫人生長儒家，動識禮法，未嫁姑亡，事 / ……處六十餘年，閨門之間，相敬賓如。家本□夫人能 / ……夫人必躬親之，不精潔不設也。人□□□有□ / ……一經，束俸之優，庖肉之継，於待師尤謹。族子 / ……許。猶子嘉登寶祐丙辰第，亦夫人教也。 / ……于庭下里巷間，皆為夫人榮之。年登八□歡 / ……淳戊辰仲冬，偶感風眩。越明年己巳三月丙 / ……十九日，以開禧丁卯歸于季舅。子男二 / ……修職郎、吉州萬安縣主簿韋成功；又次適 / ……子宣子未冠，方習舉子業。孫女七人： / ……適同郡雷化龍；又次許適同郡李秀 / ……其鄉□溪嶺之原，距家五 / ……氏歲月，以詔幽壤，若……

七十九、宋□子謚殘墓誌

先君諱子謚，字靜之……／中侍御史。父諱禹卿，故……／曹，時邑宰勉齋先生黃……／循資。由是，丞吉之太……／游江右。義篤手兄……／以孝聞，友于……

八十、宋殘墓誌

……正之／……搴旗折馘，獲功為多。繕制城壘，／……從師役，據清水河，把隘巡防。方崇城／……先權秦之天水尉，威宣一同，怗然無犬吠／……均糴，量多寡与之期。未踰月，而输已足。每／……寨事，民歸其賜，吏弗能欺。雖南接羌境，而羌／……未幾，望風人伏。俄忽感疾，易簀官舍，是宣／……初娶趙氏，前公三紀而卒。有一子曰宇臣，蚤／……權石泉巡撿，偶蠻犯境，先殁扵敵。繼娶馮氏／……二女：長適王承信綸；次在室。孫男一人，琛。女／……也。有妹少孤，公夙承父訓，力與成長。兄死節，／……多之。公志量宏遠倜儻，不拘小節，克断大事。／……之。好馳馬，試劍善射，至扵篆書之技尤工。甞／……屍，無憾。如其尸禄偷安，吾所不忍為也。惜乎／……四月初六日，窆于秦州成紀縣赤谷之原。前／……有不獲辞者，銘曰：／

　　……吏事強敏，所治稱治。／……不大其施，遽淪逝波。／……刻此銘章，永昭厥傳。

　　天水王明刊。

八十一、金李立墓誌　天會十三年（1135）正月十七日

故汾陽李公墓記 /

表姪李天與撰。 /

公諱立，字孝先，其遠祖夲居河表，自高曾已来遷居汾川，/ 世籍西河。諱遇者，公之曾祖也；諱貴者，公之祖；諱言者，公 / 之父也。皆貨綵帛為業。父迺三娶崔氏、姚氏、蘇氏。三男一 / 女：男曰立、源、徽；女適許誠。公其長也。公事親純孝，治家有 / 法，恬淡自怡。常詣禪院籴請，尤好詩書，如五經四子，粗皆 / 涉獵。訟庭之辯，終身不識。緣兵火後，過扵思慮，久纏風痺，/ 玄天會十二年十二月十五日風氣再作，儼然不救而亡，/ 享年七十。公先二娶，皆任氏，俱亡。再娶劉氏。二男三女。長 / 曰世琮，自幼好道術之事，雲遊東西，今尚未還。次曰世珪，/ 深得父風，謹恪幹蠱，略無少怠，鄉人每每推重。長女適秦 / 允而亡，次適魏澄，季女已許嫁，因兵火日，同母任氏墜井 / 而没。孫男一人，在繈褓中，未名。卜用次年孟春辛酉之吉，/ 與二任氏合葬公扵城之西南隅景雲鄉洪哲里祖塋之 / 次。天與忝係微親，其孤世珪請余為記，以告後世。余素不 / 為文，備知表親之詳，迺記其實，世珪親書扵石，命工刊焉，/ 以記其墓矣。 /

公次室任氏，賢淑溫克，事舅姑得婦道，教二子得母道，不 / 分繼嫡，能和親屬，生一男世珪。二女，一適魏澄，一墜井亡。 /

張華刊。

録文、拓片見周峰：《金代〈李立墓誌〉考釋》，《遼金歷史與考古》（第十輯），科學出版社，2019 年。

八十二、金常玖資地券　大定十三年（1173）月二十一日

西京警巡院常德貴於雲中／縣成家庒曹廣虜買到祖墳一坐，祖／地三畝，南北畛長三十三步半，闊□□□步／半，四至分明，安厝祖祖墳一坐。／

大定十三年歲次癸巳二月甲子／朔二十一日甲申□□□建。／

祖父常玖資，祖母□□。長男常隆□，／妻張氏。次男常隆□，妻張氏。／長孫德貴，次孫德玉、德安、／德璘。後興重孫壽兒。

八十三、金李居柔地券　正大三年（1226）九月二十二日

維大金正大三年歲次丙戌九月朔二十二日癸亥，安 / 葬立祖故夫資政大夫、前陝西東路轉運使、□行六 / 部尚書李居柔，以今年八月初五日□□□龜筮協 / 從，相地襲吉，宜於京兆府咸寧縣龍首邱修行 / 北社安厝宅兆。謹用錢九万九千九百九十九 / 買文，兼五綵信幣置武五郎墳地一畝，於內建 / 立新墳一座。東至青龍，西至白虎，南至朱雀， / 北至玄武。內方勾陳，分掌四域。丘承墓伯，封步 / 界畔。道路將軍，齊整阡陌。千秋千歲，永無 / 咎殃。若輒干犯詞禁者，將軍亭長收付河伯。 / 今以牲牢酒餚、百味香新供為信契。財地交 / 相分付，工匠主人，內外存亡，悉皆安吉。急急如 / 五帝使者女青律令。

地券見陝西省考古研究院：《陝西西安金代李居柔墓發掘簡報》，《考古與文物》1997 年第 2 期，第 40～49 頁，第 129 頁。地券為磚質朱書。錄文參考簡報所刊錄文，有改正。

八十四、元朱妙真壙記　　至元十二年（1275）十二月一日

額篆書三行：朱氏／孺人／壙記

　　孺人諱妙真，字榮三娘，姓朱氏。同郡城西朱明甫女，系牒逸墜，故／不詳及。孺人生而柔，笄而礼。先適本里張堅甫，不幸中流失楫，堅／甫早殀。有男二人：張善、張老。女一人，巧姑。再醮于城東余叔祥，携／男暨女徃焉。叔祥里閈殊英，流輩推高。相與舉按齊眉，賓敬益至。／叔祥前室徐氏生男三人：長壽，娶汪氏；次康，娶韓氏；三寜，娶熊氏。／女一人胜姑，適雙溪里程采翁。孺人撫育教養，恩愛如一。長者婚／之，幼者訓之，笄者娉之。未嘗少有妬忌之私，是以眾子仰之如親／母焉。叔祥以張老為義男，娶童氏。巧姑適永豐王寜。孺人温順以／承上，冲厚以逮下。不敢慢其夫，不敢侮其妾。治家勤儉，律己嚴明。／婚嫁甫畢，生理日夥。是宜允膺遐壽，享福未艾。迤遭弥久，厥疾弗／瘳，邃隔泉壤。生於前癸酉九月二十三日寅時，歿于至元乙亥閏／十二月十五日，享年六十有三。哀哉！叔祥潦倒於衰年，孺人捐棄／於皓首。宗祧遺眇，疇承紹几，我族屬其痛巨乎！遂以其年十二月／丁酉，葬于檀樹林余家塢，其山坐丑艮，向未坤，從吉卜也。輒書／于石，以誌不朽云。孤哀子余壽等泣血謹書。

八十五、元潘氏墓誌　至元十七年（1280）十一月十一日

額正書四行：吳門／潘氏／太君／墓誌

吳門潘氏太君墓誌銘／

姻生、前鄉貢進士、縣學錄李會撰并書丹。／

余兒時與吳鈇同里閈，姑為吳氏諸婦，鈇叔母也，講聞吳氏閨／門法度事為諗。鈇母潘太君世為撫之崇仁北里人，父諱俊，母／朱氏。生十九年，適吳伯召，又三十年而夫先太君卒。太君處姒／娌無間言，撫幼孤無遺憾。塋居外內，姻族無纖介疵。生男三人：／長鑄；次銳；次鈇。女二人：長適呂大德；次陳賢。生於嘉定庚申八／月之辛亥，卒之日，至元戊寅九月戊戌也，享年七十有九。諸孤／伯壎、伯篪旨甘滫瀡無虛日，咸謂潘氏福禄未艾。三子鼎峙，不／幸鑄先卒，太君不踰月亦弃二孤。嗚呼痛哉！冢婦鄔氏，銳擇對／未偶，鈇饒氏。將以庚辰十一月己酉，奉太君柩葬于長安鄉會／昌里敖坑之原，坐寅向申，其兆也。前事，鈇乞誌其墓。余於吳幼／為鄰，長為親，義不得辭。遂為之銘，銘曰：／

婦而婦，母而母。德其德，壽其壽。／二孤存，昌厥後，銘諸幽，詔不朽。

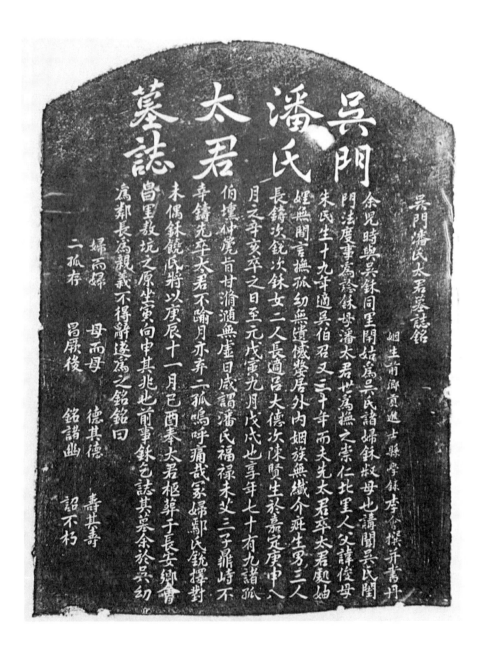

吳門潘氏太君墓誌銘

姻生前鄉貢進士縣學錄李公□撰并書丹

余兒時與吳鉄同里開姑為吳氏諸婦鉄叔母也講闈吳氏閨
門法度事為詳鉄母潘太君世為撫之崇仁比里人父諱俊母
朱氏生十九年適吳伯召又三十年而夫先太君卒太君□姑
姪無閒言撫孤幼無遺憾婆居外內姻族無懟介疵
長鉄次銳次鉄女二人長適呂大德次陳賢生於嘉定庚申入
月之辛亥卒之日至元戊戌九月戊戌享年七十有九諸孤
伯壇沖□肯甘澹適無虛日咸謂潘氏福祿未艾二子鼎峙不
幸鑄先卒太君不踰月亦弃二孤鳴呼痛哉家婦鄔氏銳擇對
未偶鉄饒氏將以庚辰十一月己酉奉太君柩葬于長安鄉會
昌里教坑之原坐寅向申其兆也前事鉄乞誌其墓余於吳幼
為鄰長為親義不得辭遂為之銘銘曰

　婦而婦　　母而母　　昌厥後　　銘諸幽
　二孤存　　德其德　　壽其壽　　詔不朽

八十六、元吳元杰地券　　至元十九年（1282）七月十五日

　　額正書：地券

　　維至元十九年歲次壬午七月戊午朔越十五／日壬申，撫州崇仁縣惠安鄉恭仁里大塘護源／居孝男吳元鼎、承重孫顯祖、家眷等敢昭告于／此山后土氏之神曰：惟我皇考吳公兆四宣義／生名元杰，生於前宋丙戌四月二十二日巳時，／享年五十有七。不幸，於至元壬午七月初三日／以疾傾逝于臨川縣盡安鄉恭信里范坊保。今／卜宅兆于故里之坑頭園，命于元龜，已習其吉。／此山坐坤申向艮寅，山環水聚，虎嘯龍吟。尅卜／是月壬申，奉柩窆焉。惟賴神休，鎮此疆界，常切／呵護。魑魅魍魎，莫敢予侮。庶我先靈，獲安厥所。／億萬斯年，永無災苦。春秋時思，神其與祀。謹告。

八十七、元何林清壙記　至元二十五年（1288）十一月二十三日

額篆書：故孺人何氏壙記

　　孺人何氏存諱林清，閨名忽六／娘，本都茗充里桃源人。生於景／定四年癸亥十月二十五日巳／時。年二十一，適石硯徐偉卿。生／男一人，仰孫。至元二十四年丁／亥三月初三日戌時，得疾卒。以／次年戊子十一月二十三日甲／辰，奉柩葬于本都港西，艮山坤／向。謹刻石納壙，以傳之永久云。

八十八、元瞿椿壙記　　至元二十六年（1289）十一月四日

瞿二承事壙記／

瞿本衛大夫蘧伯玉之後，自瞿曇氏入中國，於是假借諧聲者，呼蘧／為瞿。而瞿姓出矣。入崇仁者，自為一派，派惟予一家，傳至二承事名／椿，則予之父也。嗚呼！父蚤幼孤，被慈母之訓，夙興夜寐，植立苦辛。嘗曰：／「吾遊權門侈家，丹桓宮之楹，澤慶封之車，亦屢矣。他日弌過之，則有／倚予而貨者矣，豈悴乘除之不可憑翼者如是。如是，曾不如吾騰然者／之尚世其業也。」謹身節用，菽水歡然。或寄以腹心，則必為之憂深，／思遠不負所託，神所勞矣。薄有生涯，禮佛抱孫。時從鄉閭說老人大／父時事，僉曰：「是為壽者相而詎止此。」嗚呼痛哉！曾祖榮，祖崟，父琮。生／於宋嘉定甲申八月二十一日亥，卒於至元己丑十月十二日丑，壽／六十六。娶周氏，女四人：長二娘，適吳忠，俱早世，乃撫外孫斗娘，及笄／而適邑北謝訓；次三娘，適曾日宣；次四娘，適張仁；次五娘，適吳疇，／先十四年死。男一人，直悳，新婦王氏。孫二：關孫、寅娘。以是年十一月己／酉，奉柩葬于長安鄉嘉會里土名嚮石寨裏，去祖妣壠右而近。坐乙／向辛，遵治命也。先事，識大槩而納諸幽，尚圖不朽。嗚呼痛哉！不肖孤／直悳泣血而書。前迪功郎、江陵府司戶參軍劉巽翁填諱。

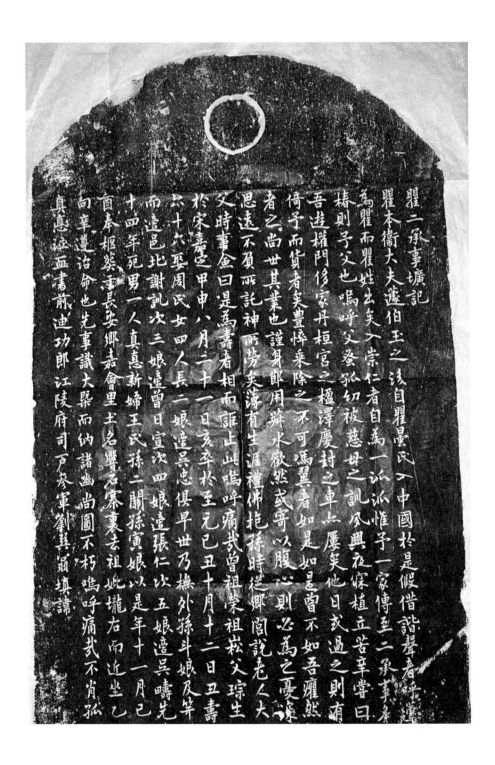

八十九、元胡真孫壙記　大德四年（1300）十二月二十五日

額正書四行：先君／胡公／德實／壙記

先君諱真孫，字德實，世居撫金谿淡里。曾祖炳文，祖九淵，父宗□，／母黃氏。生而機警務學，內和柔而外敬畏，宗族鄉黨每稱之。／世事中更，幹蠱用裕。就站役以免戶役，舊邅由是稍復焉。及／先祖弃背，治家恪守成規，權量公平，人蒙其惠。襄奉能不愆／于礼，致送乘惟多。继以祖母卧疾，问安侍膳湯藥，未嘗廢離。／所期燕喜康寧，以遂安仁闲居之養。然放懷適量，日與麴生／相周旋，積成寢疾，抱恨以終。嗚呼痛哉！生於宋景定辛酉八／月初四日丑，卒於大德庚子九月十五日，享年四十。娶王氏。／男惟不肖孤一人。女二：長縷常丰刘；次許舘明珠王。／以是年十二月丙申，葬于里之鄒家山，坐癸向丁，距先塋尺／有咫，從治命也。不敢丐銘當達，謹記歲月而納諸幽。／

孤子胡立孫泣血拜書。

先君

胡公

德實

壙記

先君諱□五孫字邊夫世居横金次里諱祖胡□胡人
母葉氏生而機警幹蠱用裕就武役以免本榮其惠表奉能不惡
世為中受幹蠱用裕就武役以免本榮其惠表奉能不惡
先祖春首名家裕序成規權量公千人榮其惠表奉能不惡
所期熙善康寧以遂安仁用居之養然放懷過言曰與趙生
相周旋積成寢疾抱恨久終鳴呼痛哉生於宋景定辛酉八
丁礼致送來雄夕健以祖母卧疾同安侍膳湯藥未嘗慶雖
月初四日丑卒於大德庚子九月十五日享年四十堅王民
男惟不肖孤一人女二長櫻市半列次許舘胡珠王
以是年十一月丙申□于里之鄭家山坐癸向丁距先坐尺
有咫茲淺淺命也不敢勿孤自蓮壙記歲而如諸幽

孤
子
胡
立

孫
泣
血
謹

九十、元陳宗明周氏壙記　大德十一年（1307）三月二十日

額篆書五行：故陳 / 承事 / 周氏 / 太君 / 壙記

先考陳公萬一承事先妣周氏太君壙記 /
宗明別處安阡。/

　　先考諱宗明，世居臨川之黃塘，曾大父而下俱隱其名。先考少歷艱難，以生財 / 為業，勤儉自持，不汲汲於利，而生理日裕。齊眉主饋，而先妣助內惟多。處鄉閭，接 / 族姻，內外無間言。子孫眾多，積善之報也。二親未躋上壽，正期優游晚景，少享 / 諸孤菽水之奉，以酬罔極之恩。降年不永，遽相繼以逝。嗚呼痛哉！子男三人：長 / 仲達，娶黃氏；次榮龍，娶姜氏，寓居龍興南昌灌城之蓼洲；幼文仲，贅于城內黎 / 氏。女二：長適同郡周英；次萬明。孫男四：文俊、文顯、文達、文壽。孫女八人：妙靖、妙 / 真、妙安、妙端、妙清、妙秀、妙慧、妙正。甥二：周文傑、萬壽老。甥女孝姑、真妹，尤為二 / 親所鍾愛。先考生於宋嘉熙戊戌六月廿三日，卒於大德癸卯十一月十三日。 / 先妣生庚子十一月二十日，卒丁酉三月六日。卜以大德十一年丁未三月二 / 十日甲申，奉柩合葬于長樂鄉安陽。睠惟此地，發龍金山。天馬貴人，秀拔屛顏。 / 武曲匱庫，相隨後先。左右龍虎，形勢彎環。坐乾向巽，諸水回旋。四宮貪狼，拱揖 / 于前。誥軸迎聚，載卜幽關。子孫昌盛，福慶綿延。惟考妣妥靈于茲，爾后土之神 / 是司呵禁守護。爾無我棄，春秋祭祀，我不爾違。窀穸日薄，未能丐銘當世大手 / 筆，姑敘其大槩，以誌歲月云。 / 孤哀子陳仲達等泣血謹誌。 /

　　宣守撫州路講主、住持大天寧寺靜義普覺大師寧吉祥塡諱并題蓋。

先考陳公諱一承字先姪周氏太君壙記

先考諱崇明別趣安阡
先考諱崇明世居臨川之黃塘曾大父以下俱隱其名先考少歷艱難以生財
業勤儉自持不沒没於利而生理日裕霄眉到籛先姪助內維多勤鄉間接
族姻內外誓閫言子孫衆多積善之報也二親未躋上壽正期優游晚景少享
諸祇斂水之集以酬罔極之恩降年不永遽相繼以逝嗚呼痛我子男三人長
仲遂娶黃氏次棠龍娶姜氏寡居興南昌灌城之蔡洲幼文仲娶于城內鄒
氏女二長適同郡周英次萬明孫男四文俊文顯文達文壽孫女八人妙靖妙
具妙安妙端妙清妙秀妙慧妙正玖二周女壻萬壽老甥女姑其妹尤為二
頣所鍾愛先考生於承嘉興戊戌六月廿三日卒於大德癸卯十一年丁未三月二
先姪生庚晉十一月二十日辛丁酉三月六日卜以大德十一年丁未三月二
十日甲申奉柩合葬于長樂鄉左右龍虎形勢彎環坐乾向巽諸水回旋四宮兪狼拱揖
武曲廉庫相聚載卜此地慇懃金山天馬貴人秀按屬禎
于前諸軸遇聚後先左子孫昌盛福慶綿延惟考妣妥靈于兹渝宅土之神
是同呵禁子護爾無我棄春秋祭祀我不爾違窆窒羅日簿未能男名當當大手
姑叔其大蘂以誌歲月云孤豪子陳仲達等泣血謹誌
誰授撫州路講主佳林大天寧寺靜義普覺大師辛吉祥填諱并題蓋

九十一、元聞靜方壙記　皇庆元年（1312）十二月十一日

額篆書三行：□□ / 聞氏 / 壙記

張母聞氏壙記 /

先妣聞氏，諱靜方，字德常。貴溪南鄉里望族。曾祖諱子叙，祖諱大 /
韶，考諱淼，母朱氏。生於淳祐丙子八月十三日，没於皇慶壬子 / 四月二十
一日，享年六十一。男三：長解廌；次礎潤；幼汝□，上清道士。女 / 榮娘，
先卒。孫男：合生、白奴、女□奴、潤生。以是年十二月十一日，/ 奉柩窆里
半山□姑之下，從先人之兆也。嗚呼！惟先妣生而柔 / 淑□慧，年二十四，
歸我先人孚舟翁。身任家事羣碎，俾先人得 / 以覃思於易，知名當世。由番
學正升教授之官，先妣與之俱。遷 / 昇教，拜翰林國史編修，垂上而没。先
妣銜深哀，劑裁凶吉，爬梳 / 門廷，教育子孫，家道不替有加。不幸傾棄，嗚
呼痛哉！葬日薄，不 / 能□文於名筆，謹叙大槩，刻石納諸壙。孤哀子張解
廌、礎潤、汝 / □泣血謹記，眷姪、前徽州路黟縣儒學教諭江浩填諱。

九十二、元何籍壙記　延祐二年（1315）九月十六日

故十三宣義雪窗何公壙記 /

吾父姓何，諱籍，號雪窗。自燕國公而下至吾父，僅十古。曾 / 祖四通奉諱修，祖十一宣教諱巽，號虛靜。父六八宣義諱逮，號竹居。母陳氏，繼熊氏，生母徐氏。祖居縣西，後因兵火， / 遷于邑東。吾父賦性純朴，為事公平，待人謙和。中年值時 / 古孔艱，偷安自遣，隨事處置。己丑，以家務悉付二子。迨夫 / 末年，自製藥餌，躰氣越健，日與諸孫嬉遊適性。癸丑年来， / 以足倦艱出，焚香靜坐，誦經閱文而已。至延祐甲寅五月 / 二十八日卯時，無疾而逝。嗚呼痛哉！吾父生於宋寶慶乙 / 酉七月二十三日巳時，享年九十。初娶吳，生女辛三娘，適 / 陳定孫。繼娶亦吳，生二男。長仰壽，娶吳氏惠清，孫男王姑、 / 王弟、卯弟，王弟已締游氏姻，孫女寅姑。次德壽，初娶饒，早 / 喪，再娶吳氏幼惠，孫女饒姑，饒出也。今卜乙卯九月十六 / 日辛酉，奉柩附葬于長安鄉二十三都仰天湖四世祖四 / 公墓側，從吾父母存日治命也。其地坐壬亥向巳丙，山環水 / 遶，氣聚風藏，克妥先靈。不肖孤未能丐銘於當古大手筆， / 姑紀歲月，納諸壙。前事一日，孤子仰壽、德壽泣血百拜書。

故十三宣義雪窗何公壙記

吾父姓何諱篳魏雪窗自燕國公而下至吾父僅十世吾曾
祖四通奉諱修祖十一宣義諱六八宣義諱
遷竑竹居母陳氏繼熊氏生﹙母徐氏﹚祖居縣西後因兵火
遷于邑東吾父賦性純朴為事公平待人謙和中年值夫
末年自製藥餌絲氣越健日與諸孫嬉遊適性生
以足倦觀出狹香靜坐誦經閱文而吾父生於宋寶慶乙
二十八日卯時無疾而逝嗚呼痛哉吾
酉七月二十三日巳時享年九十初娶吳生女辛三娘適
陳定孫繼娶亦吳生男二長仰壽娶吳氏惠清孫男王姑
王弟王卯弟王卯已婦姻孫女寅姑次德壽初娶饒早
喪弁娶吳氏幼惠孫女饒姑餃出也今卜乙卯九月十六
日辛酉奉柩附葬于長安鄉二十三都仰天湖四世祖四
公墓側從吾父存日治命也其地坐壬亥向已丙山環水
遠氣聚藏克妥先靈不肖孤未能丐銘於當丗大手筆
姑紀歲月納諸壙前事一日孤子仰壽德壽泣血百拜書

九十三、元也里世八墓碑　延祐四年（1317）五月十六日

歲次丁巳延祐四年三月初九日，／三十三歲身故，五月十六日明吉。／大都忻都妻也里世八之墓。

九十四、元□傑墓誌　延祐六年（1319）九月十六日

額正書：先考秀二宣義墓銘

　　□氏居撫之金谿竹溪之北，玉峯是也。無慮三伯年，宗族蕃衍，／皆以寬厚篤實相尚，迨今猶然。先君諱傑，字用之。曾大父天祐，大父國華，／父傑，俱潛德弗耀。先君稟性温和，臨事機警，事親孝敬，治家勤／儉。處族姻睦，接隣里和，內外無間言。家道稍裕，視昔無忝。曩以先／廬圮毀，隨力改造。方謂男女債畢，可以優游晚景，而震龍得奉菽水／之歡。奈何天不憖遺，竟以疾逝，實延祐戊午十一月十七日也。嗚呼痛哉！／先君生於宋景定丁巳三月初二戌，享年六十有二。娶同邑彭氏。男震龍，娶臨／川黃氏。女妙英，適同邑李及貫。孫男：秀孫、英孫。孫女宝姑。今卜九月己未丁酉日，葬于／十八都地名艽嶺，未坤行龍，坐未向丑，從吉卜也。不肖孤不能丐銘拎當／世名筆，姑記歲月而納諸幽云。／

　　延祐己未九月十六日，孤子震龍百拜泣血謹書。

九十五、元吳妙玉墓誌　　延祐六年（1319）十一月十日

額正書三行：吳氏／道姑／墓誌

先妣吳氏賢一道姑名妙玉，元命咸淳乙巳年五月十／八日戌時受生，住屬雲錦崇義湯源人也。事邵氏五十／有余季。子男三人：長男竟安；次男竟和；季男滿弟，幼小／夭逝。長男娶鄔氏，早世；次男娶詹氏，名壽一娘。孫男安／孫。孫女姑娘。續孫男德義、德文。長孫娶吳氏；次孫娶丘／氏。曾孫男苟孫、雛孫。出適女邵氏奉三娘事田南鄔氏。／痛念先妣處家勤儉，孝順公姑，隣里和睦，鄉稱善人。心／慕清虛，持齋飯道，曾受戒□，以昇淨土。嗚呼！先妣不幸／於今延祐己未九月十七日傾世，涓卜是年十一月初／十日庚寅吉辰，安葬側近，相去五里，地名鳥鵲山陳谷／塢，坐震向庚申。特此以記歲月，予記碑云。竟安、竟和誌。

九十六、元傅月華壙誌　泰定二年（1325）十二月二十日

額正書四行：故蕭 / 孺人 / 傅氏 / 壙誌

孺人姓傅氏，諱月華，世居臨川甘溪。曾大父德聰，祖 / 彥達，父應商。至元癸巳七月，孺人始生。後十有六年，/ 而歸于我。綜理內治，家用裕如。才十有八年，而孺人 / 殞矣，乃泰定乙丑十月戊子也。嗚呼！結髮之義，孰 / 不 / 以偕老為期。子平債未償，門戶計未立。而一旦至此，/ 謂之何哉！雖然三月而葬，禮也。卜以是年十有二月 / 丙申，奉柩葬于住居之西唐家山。謹率子男德仁、德義、/ 德禮昭告于山之靈曰：雲山楚楚，源流斯聚。中 / 有佳城，坐壬向丙。青龍蜿蜒，白虎蹲踞。玄獸丹禽，前 / 朝後顧。吾室來 / 歸，妥魂受祐。垂裕後人，識此千古。/

泰定二年歲次乙丑十二月二十丙申日。/

朞制夫蕭仲貴同男德仁等抆涕書。

故　孺　傳　壙
蕭　人　氏　誌

孺人姓傅氏諱月華世居臨川甘後曾大父德聰祖
亦達父應雨至元癸巳七月孺人始生後十有六年
而歸于戈綜理内治家用裕如十有八年而孺人
頎矣乃泰定乙丑十月戊子也嗚呼結髮受義孰不
以偕老為期子平價未償門户計未立而一旦至此
謂之何哉雖然三月而葬禮也卜以是年十有二月
丙申奉柩葬于住号之西唐永山謹塋于男德左德
養德禮昭告于山之靈曰雲山巍巍為流斯聚中
有佳城坐壬向丙青龍蜿蜒白虎蹲踞玄獸舟禽前
朝後顧晉堂來婦安魂受祐重裕後人俾此千古

恭定二年歳公乙丑十　月　　于　中月
蕃制夫蕭　地費同男德左華校梁書

九十七、元張德升壙記　天曆元年（1328）十二月十四日

額正書四行：張君／永七／朝奉／壙記

先君諱德升，字君實。曾大父仁夫，世居饒之安仁／若嶺。娶吳氏。公賦性恭儉勤謹，交友必誠必信。於／今年七月中嬰痞疾，一日，命余來前曰：「余疾大漸／微幾，勢不可復起。」言訖，溘然而逝。嗚呼痛哉！公生／於大宋丁巳五月五日子時，卒於戊辰九月初六／日，享年七十二歲。男三：長天祥，先八年卒；次龍孫，／早丗；幼志仁，惸惸孑立，以終喪事。女三：長適舒；次／適熊；幼適吳。孫男四：大賤、細賤、辛弟、酉孫。孫女五／人。以是年臘月，奉柩葬于里之東偏彭家陂，坐癸／向丁。姑記其年月，而納諸幽壙云。時天曆元年十二／月十四日壬寅，孝男志仁、承重孫大賤泣血拜書。

九十八、元楊氏墓誌　　至順二年（1331）十月二十五日

額篆書六行：故歸 / 南陽 / 郡孺 / 人楊 / 氏墓 / 誌銘

故歸南陽郡孺人楊氏墓誌銘 /
姻契未前撫州路崇仁縣儒學教諭陳德仁撰并書。 /
承務郎、前撫州路崇仁縣尹兼勸農事史景讓篆蓋。 /
撫崇仁邑東里薦紳為最盛，貢補國學進士德齋先生楊公以孝行表扵鄉閭，孺人其長 / 女也。幼孤，母黃氏教育惟謹。及笄，先友宗正寺簿黃公、運幹此堂何公、司法明齋趙公、主 / 簿愛山熊公、司户晴窻鄔公、學録玉溪謝公、學録碧澗黃公暨寓貴名流痛惜德齋有德 / 而不得其壽。相與忠謀，為擇一佳壻，以續斯文之傳。遍閲庠序諸生，淂北里鄧君天瑞以 / 配焉。至元丁丑，歸于鄧。主饋儉勤，持身貞淑。戒浮靡，寡言笑。事舅姑肅謹，待親鄰睦厚。勉 / 君子以正，故能積學懿德，後進師之。愛子而勗以學，故能以經飾吏，輿論推之。凡內則之 / 所當為者，莫不備至。由是，一家長幼族姻，外而里閈，始終五十餘載，咸無間言。妻道母儀， / 可謂兼盡矣。嘗謂天可必乎，賢者必有後，觀扵德齋先生斯文之澤，不在其子孫，則在其 / 女，是知天之果可必也。孺人生扵寶祐戊午十月二十三日，天曆己巳四月二十七日，以 / 疾終于正寢，享年七十有二。鄧君字翔夫，好汲古，文臺嘗以賓師處之。男二：長漢臣，娶陳， / 蚤卒，繼曾；次堯臣，先十年卒。女三：長明姑，適前江浙儒學提舉司都目劉祖壽；次慶姑，適 / 皮應麟；幼益姑，適同里陳受益，亦先十年卒。孫男二：長復生，蚤卋；次以文。將以至順 / 庚申十月二十五日壬申，奉襄祔葬于長安鄉三都羅家澤先塋之左近二十步。前事七 / 日，漢臣將其父命，銜哀稽顙，丐銘扵余。予扵楊為契家，於鄧辱在姻末，誼不得辭，乃摭其 / 大槩，紀歲月而為之銘曰： /

幼奉慈教兮禮義猶防，長宜儒家兮孝敬有常。勉夫君以正兮教子義方， / 沐斯文之澤兮享于壽康。悼徃既悲兮祖奠孔傷，內則秩秩人其不亡。

故歸南陽郡孺人楊氏墓誌銘

故歸南陽郡孺人楊氏墓誌銘

姻契末前撫州路崇仁縣儒學教諭陳　德仁　撰并書

承務郎前撫州路崇仁縣尹兼勸農事史　景謙　篆蓋

撫崇仁邑東里薦紳爲最盛貢補國學進士德齋先生楊公以孝行表於鄉閭孺人其長女也幼孤母黃氏教育惟謹及笄先友宗正寺簿黃公運幹此堂何公司法明齋趙公主簿雙山熊公司戶晴窓鄒公學錄玉溪謝公學錄碧澗黃公暨富貴名流痛惜德齋有德而不得其壽相與忠謀爲擇一佳壻以續斯文之傳遍閱庠序諸生得北壁鄒君天瑞以配焉至元丁丑歸于鄒主饋儉勤持身貞淑戒浮靡寡言笑事舅姑肅謹待親鄰睦厚勉夫子以正故能積學懿德後進師之愛子而勗以學故能以經飾吏輿論推之凡内則之所當爲者莫不備至由是一家長幼族姻外而里閈始終五十餘載咸無間言妻道母儀可謂兼盡矣嘗謂天可必乎賢者必有後觀於德齋先生斯文之澤不在其子孫則在其女是知天之果可必也孺人生於寶祐戊午十月二十三日天曆己巳四月二十七日以疾終于正寢享年七十有二鄒君字翔夫篤汲古文臺嘗以貢師慶之男二長漢臣娶陳蚤卒繼曾次堯臣先十年卒女三長明姑適前江浙儒學提舉司都目劉祖壽次慶姑適臨汝皮應麟幼益姑適同里陳受益亦先十年卒孫男二長復生蚤世次以文將以至順庚午十月二十五日壬申奉柩祔葬于長安鄉三都羅家潭先塋之左近二十步前事七日漢臣將其父命衘哀稽顙丐銘於余予於楊爲契家於鄒辱在姻末誼不得辭乃撫其大槩紀歲月而爲之銘曰

幼奉慈教兮禮義猶防　長宜儒家兮孝敬有常　勉夫君以正兮教子義方

沐斯文之澤兮享于壽康　悼往既悲兮祖奠孔傷　內則秩秩兮人其不亡

嗚呼爾後蒙慶兮祗此銘章

九十九、元王妙惠壙記　　至順三年（1332）十二月二十五日

額篆書四行：先妣 / 王氏 / 孺人 / 壙記

先妣王氏孺人壙記 /

先妣姓王氏，諱妙惠，信之貴溪仙源里人也。曾大父，大 / 父，父子誠。先妣生而敏慧，廩性慈善，內寬外柔，事上撫 / 下，各盡敬愛，親隣靡不稱其德。初適本里湖山王有嗣，生子 / 男二：應馬、應龍。應馬先卒。女一，適同里徐有清。後失所天，遂 / 歸於先考。先考姓袁氏，諱子雲，字祥又。継而復先三年卒。先 / 妣撫孤二闈，勤於菜麻，而家道益足。延師訓子不倦，賓客造 / 門，饋饌必肅。諸孤既失嚴父，萱花奉老，爰盡孝養。夫何不天，/ 竟叭天曆戊辰十二月八日不疾而逝。嗚呼痛哉！先妣生宋 / 淳祐丁巳八月二十七日，享年七十有二。子男三人：道弘、道 / 寧、道和。道和亦先卒。孫男十人，孫女九人。昌至順壬申十二 / 月二十五日庚申，忍死奉柩葬于里之看步雷霹石先考塋 / 之近。坐壬向丙，去家一望。不肖孤不能乞銘于當世大手筆，/ 謹書歲月，納諸壙云。/

孝男道弘泣血拜書。

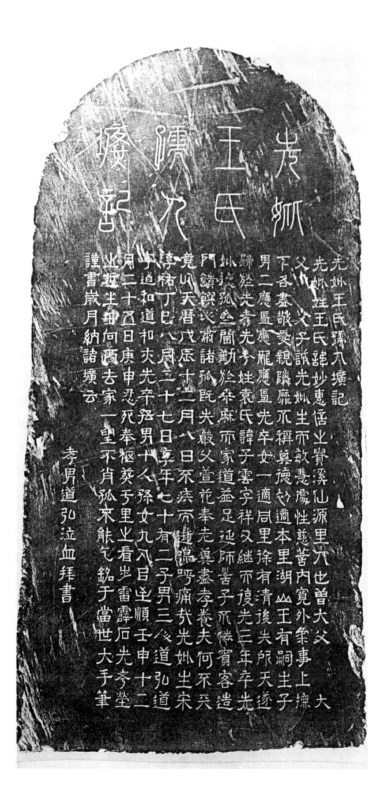

先姑王氏壙記

先姑姓王氏諱妙惠居业賢桑仙源里六也曾大父

父子誅先姑生而敬慧爲性慈善內寬外桑事上大

下各盡敬愛親鄰靡不稱其德幼適同里湖丘王有嗣生子大

男二應匱廉應於卒女一適徐有清而復先夫三年卒先

竟於歸於先坐闇諸孤兒失嚴父宣花益足奉走與盡孝養夫何不遣

門鐄沒戈謖孤坐嚴諸孫既失嚴父道花奉走奐盡孝養夫何不遣宋兵

享道和丁巳天曆戊辰十二月八日趨湯噚痛我先姑生宋

用二十五日丙申辰七日享年七十有二男三父道弘道十二

业祖生卅歲月納諸壙云男十人孫女九八月业順壬申孝堂

謹書

孝男道弘泣血拜書

一〇〇、元孫子勝墓誌　元統二年（1334）四月四日

額正書：故孫元八承事墓

先君世諱子勝，字仲彬，生扵至元丁亥九月二十四／日辰時。昆季有三，位居扵仲。娶北塔唐氏。孤無嗣継，／立嗣子二：善一、善二，乃西坑姐夫丁氏之子也。長娶／孫氏，次娶朱氏。有孫四：長庭桂，娶王氏；次辰孫，乃継／立弟元九之幼子也；三蘭孫；四蕙孫。女孫閏姑。自童／卯至長，惟以忠直質樸奉事東道／半間和尚。蒙蔭蓄積，置到田租米一百餘鄉碩，桑園／等各分授諸子。元統癸酉冬，寢疾于床，伏枕兩月。扵／歲除夕念佛辞眾而逝，世壽四十有七。甲戌四／月初四日辛酉，奉大事於迎瑞園閣之東，坐寅向申。／嗚呼！吾先君之生也，忠而直，勤而儉，孝而弟，淳而良，／溫而和。鄉黨閭里称善士也。何乃一疾弗起，遽棄諸／孤，號天叩地，將無聞焉。／

撫州金川歸德書峯孤哀子善敬、善祐泣血謹記。

故先君世諱子勝字仲彬生於至元丁亥九月二十四

日辰時昆季有三位居於仲娶北塔唐氏孤無嗣繼

立嗣子二善一善二乃西坑姐夫丁氏之子也長娶

孫氏次娶朱氏有孫四長庭掛娶王氏次辰孫乃繼以

立弟元氿九之姪子也三蘭孫四蕙孫女孫閏姑自童

卯至長惟以忠宜賀朴奉事東道

半間和尚蒙蔭蓄積置到田祖米壹百餘鄉頑桑園

等各分授諸子元綉癸百冬寢疾于床伏枕兩月於

歲除夕念佛辭衆而逝世壽四十有七甲戌四

月初四日辛酉奉火事於迎瑞圓閣之聚堂貢閘申

嗚呼吾先君之生也忠而直勸硯愉分而弟導而良

溫而和鄉黨閭里稱善士也何乃一夕而遽逝康諸

孤號天叩地將無聞寫孤哀

撫州金川歸德書峯孤泉

謹記

一〇一、元王日興墓誌　元統二年（1334）

先考王公六三府君諱／日興，字叔華，撫州宜黃／人。生宋嘉熙庚子，卒元／大德己亥，初葬臨川新／豐。元統甲戌，男回孫、寅／孫、濟孫暨出継男婁智／孫奉柩遷葬于長安樓／撫，坐坤向震，靈其妥諸。

一〇二、**元胡妙圓壙記**　至正十一年（1351）十二月二十一日

額正書四行：先妣／胡氏／孺人／壙記

先妣胡氏孺人壙記／

孺人姓胡氏，諱妙圓，信貴溪縣人。曾大父子潤，大父思／正，父顯明。俱以隱德聞，雖材藝不試于時而教行扵家／人，所謂鄉先生者也。孺人受父訓戒而来歸也，居室有／□，事先君舅姑無少怠。皇庆癸丑之歲，先君早卒。不肖／孤未為應門歷事，賴孺人懿德，躬率勤儉，撫育諸孤。睦／族和隣，慈愛如一。虽它人是非長短，一不挂口。平居亦／不尚華飾衣，其素性如此，大抵出胡氏之教也。不幸至／正丁亥四月十有二日申時，以疾卒。生宋咸淳壬申正／月十五日，享壽七十有六。子男五：長才俊；次志斌，先十／年卒；次志全；次志平，娶毛氏，志平先四年卒；餘慶卒扵／葬年正月。孫男二：勝宗、關鎖。女孫：長靈娘，適李；次全娘。／嗚呼痛哉！以至正辛卯十有二月二十一日，奉柩葬于里／之山田原。坐巽向乾，從吉卜也。姑記歲月，納諸壙云。

不肖孤倪才俊、志全荨泣血拜書。

參考文獻

1. 郭茂育、劉繼保編著：《宋代墓誌輯釋》，中州古籍出版社，2016 年。

2. 紹興市檔案局（館）、會稽金石博物館編：《宋代墓誌》，西泠印社出版社，2018 年。

3. 何新所編著：《新出宋代墓誌碑刻輯録》（北宋卷），文物出版社，2019 年。

4. 何新所編著：《新出宋代墓誌碑刻輯録》（南宋卷），文物出版社，2020 年。

5. 周峰編：《貞珉千秋——散佚遼宋金元墓誌輯録》，甘肅教育出版社，2020 年。

6. 周峰編：《散見宋金元墓誌地券輯録》，花木蘭文化事業公司，2021 年。

7. 周峰編：《散見宋金元墓誌地券輯録二編》，花木蘭文化事業公司，2021 年。